卷首语

千年水系流淌瑰丽风景，华北竹园奏响和谐乐章。作为长河上的一颗璀璨明珠，伴随历史的风风雨雨，今年紫竹院公园迎来了六十华诞。

紫竹院历史悠久，初为天然湖泊，湖底有泉，曾是古代高粱河的发源地。元大都建城，从金中都旧城迁移到新城，高粱河水系成为了北京城的生命之河。依水而建的紫竹禅院远山近水、塔影桥衍、荷塘鸟语、柔岸高柳，明清时期成为皇家御用庙宇。时至今日，公园内的澄鲜湖不仅是人们赏景、泛舟的场所，也是北京城市水系的重要组成部分，对形成良好的生态环境有着极其重要的作用。

作为国家重点公园的紫竹院公园是一座自然式山水园。1953年建园时定为野景公园，20世纪70年代明确了种植紫竹、以竹造景思路，明确了以竹为主、以竹为胜、以竹为景建设华北第一竹园的发展方针，进入21世纪进一步突出竹特色、挖掘竹品牌、弘扬竹文化。紫竹院公园承中国古典园林艺术之精髓，"虽由人作，宛自天开"。经过六十年的建设历程，人文与自然相结合，历史与文化相融汇，长河古柳、双林寺塔、福荫紫竹院再现历史辉煌，彰显文化底蕴，竹荷、叠石、水景、建筑，无不成为现代园林建设的精品。古今文化交相辉映，传承与发展相贯通，使紫竹院成为独具特色的历史名园，体现了悠久的园林发展历史。

2006年7月1日，作为市属公园的紫竹院公园向市民免票开放，从建园初的野景公园到收票公园再到免票开放，紫竹院公园紧跟时代发展的步伐，见证了社会的进步。市委市政府高度关注免票后的紫竹院，市公园管理中心举全局之力，支持公园的发展建设。紫竹院公园面对前所未有的形势与重重困难，免费不免责，服务不打折，上下团结一致，保持队伍和谐稳定，准确把握定位，管理科学规范，大胆探索免票管理新模式，努力尝试服务新方式，公园基础建设、文物保护、经济发展、游园环境稳步前进，公园竹荷品牌、游园品质、文化品位显著提升，充分体现了公园的公益性，发挥了免票公园典范作用。以十八大党代表朱利君为榜样的公园人在免票公园探索中发挥了典范作用，是公园行业的光荣，是市委市政府对公园行业的肯定。

公园是历史，公园是文化，公园是幸福指数。近年来，紫竹院公园面向世界，努力成为展示中华文明的窗口；面向全国，竭力展示首都形象的精品；面向市民，全方位展示北京发展。坚持文化建园，坚持创建精品园林，服务首都生态文明建设，实现建设当代最高造园水准城市山水园林的目标。

回首六十年，我们欣喜于紫竹院公园取得的成绩，展望未来，更加期待她蓬勃发展，担当起全国公益性免票公园的典范，成为历史与文化展示的平台、市民游客休憩的乐园、中国北方第一竹园、全国现代城市园林的典范。

北京市公园管理中心主任

图书在版编目（CIP）数据

景观.2013年.第3辑,紫竹院专辑/北京市公园绿地协会编.-- 北京：团结出版社,2013.9
ISBN 978-7-5126-2115-2
Ⅰ.①景… Ⅱ.①北… Ⅲ.①景观—介绍—北京市Ⅳ.①K917
中国版本图书馆CIP数据核字(2013)第220815号

PERSPECTIVE
2013 紫竹院公园专刊

题字	沈 鹏
主管	北京市公园管理中心
主办	北京市公园绿地协会
协办	颐和园公园管理处　天坛公园管理处　北京动物园管理处 香山公园管理处　柳荫公园管理处　紫竹院公园管理处
高级顾问	高占祥　谢凝高　林榕年　俞孔坚　张启翔　郑易生
法律顾问	杨 磊
名誉主编	郑秉军　郑西平
主编	张 勇
副主编	刘 英　张玉法　王忠海　强 健　廉国钊　杨 月 高大伟　李炜民　孙旭光　阚 跃
编委	王鹏训　杨晓东　赵世伟　梁成才　高兴春　沙海江 张小龙　付建国　王金兰　吴兆铮　陈志强　刘耀忠 曹宇明　田锦秞　王迪生　白贵海　荣学强　高连发 孔庆远　刘 卉　申荣文　孙仲秀　董玉峰　沈树祥 石 越　李树才　李长春　曹洪利　刘明利　郑永喜 郝卫兵　曹振起　夏君波
执行主编	景长顺
执行副主编	尹俊杰
编辑部主任	姚天新
特约编辑	陶 鹰
编辑	朱 杰　董军梅
编务	王 芳　崔雅芳
摄影	唐学才　姚天新　景长顺　陶 鹰　朱 杰　刘 兵 胡田恩　徐 鹤　郭亚青　姜 翰　蔡澍光　等

《景观》编辑部电话 8841 2859
北京市公园绿地协会电话 6873 1008

责任编辑	唐立馨
装帧设计	胡 湖　Q821513721
出版	团结出版社 （北京市东城区东皇城根南街84号 邮编：100006）
电话	（010）65228880　65244790（出版社） （010）65238766　65113874　65133603（发行部） （010）65133603（邮购）
网址	http://www.tjpress.com
Email	65244790@163.com（出版社） fx65133603@163.com（发行部邮购）
经销	全国新华书店
印装	三河市东方印刷有限公司
开本	210×285mm　1/16
印张	6
字数	68千字
印数	4000册
版次	2013年9月　第1版
印次	2013年9月　第1次印刷
书号	978-7-5126-2115-2/K·867
定价	30.00元

（版权所属，盗版必究）

目录 CONTENTS

03		卷首语	文/张勇
06	别有洞天	印象紫竹院	文/刘一达
10		"紫竹梦"——我们的中国梦	文/曹振起
14		我和筠石苑的缘分	文/檀馨
16		紫竹院石雕塑——娥皇女英	雕/王一林
18	友贤山馆	收四时之烂漫 纳千顷之汪洋 ——访原北京市园林局副总工程师、 北京市园林古建设计研究院院长刘少宗	文/桃樱
24	陶然亭	紫竹院公园——我们的家	文/张辉
25		心动紫竹院	文/一蓑烟雨
26		免票后的甜酸苦辣	文/陶鹰
32		为园而歌	文/景长顺
35		烟雨朦胧紫竹院	文/韩春旭
38		飘散雪一样颜色花朵的芦苇	文/王彬
40		因为有竹	文/王升山
44		写给紫竹院公园	文/李培禹
46		紫竹院里话今昔	文/夏君波
48	什刹海	免票不免责 管理上台阶	文/王鹏训
54		公园文化与文化景观	文/杨晓方
56		紫竹院石雕塑——夜月	雕/关玉璋
57		紫竹院石雕塑——跨海东征	雕/石宜
60		以人为本抓实效 管理服务铸亮点	文/王丽辉 徐鹤
64		漫漫寻竹路	文/范卓敏 赵钰
68		紫竹院部分竹品种介绍	
70	阅古楼	福荫紫竹院的前世今生	文/徐新
75		我爱紫竹院	文/成喜安
76		"紫竹"原为铁竿荻	文/董军梅
78		难忘昔日活鱼食堂	文/施志娟 梅子
80		紫竹院亭桥馆房的意境美	文/董军梅 王贵元
84		竹韵荷风衬书香	文/王践和
86	五色土	野花草礼赞	文/舒志钢
88		澄鲜湖上画中游	文/孙颖 孙齐炜
90		紫竹院中竹文化	文/刘颖
94		从厕所的变化看公园的发展	文/王金 罗世敏
96		人在园中游 德在心中守	文/白启芳
102		绿竹连五洲 竹韵传四海 ——紫竹院公园与国际竹藤组织的交流与合作	文/范卓敏 宋宇
104		竹荷文化三阶段	文/黄苗苗 吴玉明 李美玲
105		紫竹院竹文化节一览表	
		封面：春到紫竹院	摄影/唐学才
		跨页：紫御湾	摄影/唐学才
		封底：金镶玉	摄影/姚天新

栏目释义：（撷取京华景观名，权作栏目亦生辉）

别有洞天 — 圆明园内著名景观名称：主要刊登名家观点和近期园林行业热点类文章。
友贤山馆 — 紫竹院内著名景观名称：主要刊登园林人物采访文章。
天然图画 — 颐和园、圆明园著名景观名称：主要刊登园林景观介绍类文章。
方壶胜境 — 圆明园著名景观名称：主要刊登园林摄影佳人佳作。
什 刹 海 — 北京历史名园名称：主要刊登园林行业管理经验、行业指导类文章。
陶 然 亭 — 北京历史名园名称：主要刊登园林相关散文、诗歌类文章。
五 色 土 — 中山公园内著名景观名称：主要刊登园林景观赏析及杂文类文章。
阅 古 楼 — 北海公园内著名景观名称：主要刊登园林历史文化及研究类文章。
回 音 壁 — 天坛公园内著名景观名称：主要刊登读者反馈，与读者互动类文章。
远 瀛 观 — 圆明园内著名景观名称：主要刊登游记及国内外风情介绍类文章。

紫竹院草坪

北京以花草树木命名的公园并不多，以竹子为名的园子只有一个，那就是紫竹院公园。紫竹院，一个听起来是那么幽雅淑静，有文气，有韵味的园子。我想很多人正是慕其名觅其韵而走进这个园子的。

文/刘一达

印象紫竹院

我对紫竹院不但熟悉，而且还有很深的感情。

时光倒回去四十年，十七八岁的我，在西郊八里庄的一个木制品厂当工人。工厂离紫竹院很近。那会儿的紫竹院几乎是一个荒废的园子。记忆中的园子，有个水面很大的湖，有不少沧桑的老树，还有一个颓败的古塔，此外，几乎没什么景观。当然进园也不要门票，骑着自行车可以在园子里自由穿行。

那时的北京城没有现在这么大，紫竹院的位置算是郊区了，周边没有高楼大厦，举目四望尽是菜地，园子北边的长河也没有疏浚，平时游人稀少，异常冷清。不过，这里的深幽宁静，倒也让人能觅得一些野趣。那时，我之所以常去这个园子，不是因为它的景致诱人，而是它的荒芜和静谧。

印象紫竹院

竹林小径

园子里那个湖，确有几分原生态，春秋季节，气候和暖，宽阔的水面湛蓝透绿，站在湖边，能看到远处的西山，夕阳西下，把最后一抹余晖洒在湖面上，像是镀上了一层金色，波光粼粼，微风轻轻摇曳着岸边的垂柳和稀疏的芦苇，婆娑作响，有如跟我絮语。身边没有一个人，四周俱寂，甚至没有了鸟鸣。都市的喧嚣和世间的嘈杂，突然之间消失了。暮色之中，烦躁的心一下沉静下来，枯寂的心灵仿佛被这里的安宁过滤了。什么烦恼忧愁都离我远去，我的心神似乎和这个园子融为一体。多少次，这个园子陪我度过苦闷和寂寞的时光，给我驱散了心头的阴霾。

这也许是园子的荒凉带给我的心灵写意。一个园子的兴衰，让我体会到世态的炎凉，当我呼吸着园里寂寞的空气时，我禁不住的遐想，几十年以后的紫竹院会是什么样？哦，那时的紫竹院真像是一个被遗弃的老妪，又像是一个被冷落的少女，孤独寂寞，羞羞答答地躲在都城的角落里，期盼着得宠的那一天，期待着出头之日。这似乎也是我那时的心境。

对紫竹院的情有独钟，让我忽略了许多应该关注的事情。我似乎把它视为我的青春期心灵的栖息地，或者说是我的人生长河中，精神航船曾经停泊的一个港湾。突然有一天，当有人在我的印象深井投进一颗石子，我的沉梦一下惊醒了。

我有个朋友是画家。他是在四川老家长大的，特别喜欢竹子，也擅长画竹。一天，他送给我一幅名叫《竹风》的画，我细细品味，确有几分郑板桥的遗韵。于是，我们聊起了竹子，他给我讲了许多有关竹子的故事，还饶有兴味地背诵了几首写竹子的古诗。

其实，大凡有文化的人都对竹子情有独钟，梅兰竹菊，被中国古代文人誉为"四君子"。竹子中通外直，虚心劲节，四季常青，宁折不弯，高风亮节，清淡高雅，质朴淳厚，文静典雅，一尘不染，古人的这些赞美之词集中于竹子身上，可见其品格的高尚。还是儿时，我便会背苏东坡写竹的诗："宁可食无肉，不可居无竹。无肉令人瘦，无竹令人俗。人瘦尚可肥，士俗不可医。"谁也不甘当不可医的俗人，可是竹子跟桔子一样，它产自南国，对于北方人来说，别说居有竹，就是城有竹，都是一种奢望。

朋友说竹，我也只有听的份儿。但是，朋友聊到最后，突然问我：北京有个紫竹院，你去过吗？噢，他真是问到点上了：这个园子我真是太熟了！"紫竹院，那里一定有竹子吧？"啊！我猛然有一种中枪的感觉，脑海里划过一道电光：紫竹院，哎呦，去了不知多少次的园子，我怎么偏偏会忽略了它的名字呢？紫竹院有没有竹子？我一时也答不上来了。

"我陪你去看看吧。"情急之中，我灵机一动，想到了这个主意。

三月的北京，春风和煦，紫竹院的树绿了，湖水蓝了，小草也被春风吹醒，忍不住探出脑袋张望。在这种春的气息中，我和我的画家朋友在园子里觅竹，遗憾的是我们找遍了整个园子，也没有发现竹子的影子。

朋友怅惋地说：为什么叫紫竹院？也许是一个传说吧。北方不会有竹子呀。因为我们确实没有看到竹子，怕他更扫兴，我不想跟他争辩，只好认同了他的观点。

是的，竹子产自江南，在北方已经是妇孺皆知的常识。这位"君子"再有傲骨，到了北方的土地上也要"尽折腰"。那么紫竹院的名字是怎么来的呢？原来紫竹院最早是座古刹，是京西大庙万寿寺的下院。乾隆皇上的母亲钮钴禄氏信佛，乾隆为了孝敬母亲，在庙内供奉一尊观音菩萨像，并将此庙赐名紫竹禅院。与此同时，乾隆爷还在庙的西侧建了一座行宫，作为他陪母亲去万寿寺和游苏州街的驻跸之所。当年行宫的大门高悬乾隆御笔"福荫紫竹院"。

我想，紫竹院的名字就是这么来的。

为什么叫紫竹禅院呢？原来清代的万寿寺一带是个热闹的地界，万寿寺的西边有条苏州街，街的南口有个叫杏花村的苏式酒楼，人们在楼的对面挖土堆阜，形成了一片河滩，河边栽种了许多芦苇，并取了个好听的名儿："芦花渡"。这种芦苇是紫杆，俗称"铁杆荻"，每到秋天，成片的紫色芦苇在劲风中晃动着身姿，远远望去像是紫竹在摇曳，颇有江南水乡的意境，于是文人墨客便将它称之为"紫竹"。我的那个画家朋友的想象力并没错，敢情这个"紫竹"还真是带引号的。

据说当年乾隆爷对"紫竹"产生过疑惑。内务府的官员心领神会，叫紫竹禅院，不能没有真正的紫竹呀！于是专门派宫里的花把式到江南移植紫竹。花把式下了几年的工夫，在禅院栽了许多竹子，"数茎幽玉色，晓夕翠烟分"。乾隆的母亲看了喜笑颜开，乾隆爷一高兴，重赏了花把式。谁知这些"竦影纱窗外，清音玉瑟中"的翠竹，第二年开春便根枯叶黄，在北方的风沙中渐渐凋零了。

于是乎，可爱的紫芦苇依然无可奈何地扮演着"紫竹"的角色，冒名顶替地存活到20世纪60年代。沧海桑田，昨是今非，到我逛紫竹院的时候，园子里连紫芦苇也看不到了，只留下"紫竹"的虚名，当年皇上给他妈修的紫竹禅院和行宫也早就没了踪影。

"紫竹院不能没有竹子呀！"据紫竹院现在的园长曹振起对我介绍，这是当年北京的一位老市长，在逛紫竹院时发出的感慨。当然，这句话也表达了北京人的心愿。要知道，北京以竹子为名的公园，只有紫竹院呀！

大概在20世纪70年代后，紫竹院的园艺师们分成几个组，从南方引进竹苗，试着在园子里栽植，经过几年的努力，竹子终于在北京移植成功。这在当时的园林界是件非常了不起的事，在国内外的植物界也引起了轰动，当然，这也是北京人的造化，从此，北京人只能在画里赏竹的遗憾便成了历史。

随着紫竹的实至名归，紫竹院也发生了巨大变化，园子被北京市园林部门列为重点"培养对象"，政府投巨资对公园进行了整体改造，疏浚河道，挖湖堆山，叠石修亭，岸设水榭，庭置曲廊，广种花草，遍植树木，使园子景观别致，景中有景，楼外有楼。既有自然天成的山林野趣，又有皇家园林的雅致神韵。

紫竹院的旧貌换新颜，我是从报纸和电视的新闻报道看到的。那时，我早已调动了工作，工作单位和住家离紫竹院很远，平时忙于写作，一晃儿，有近20年没有进过这个园子了。

今年仲秋时节，紫竹院的曹园长邀我和几个作家朋友到园子做客，我终于有了机会走进紫竹院，一睹我的这位"老朋友"的芳容。

哦，这是我记忆中的紫竹院吗？入园举目：绿草如茵，树木繁茂，鸟语花香，湖水澄清，丛丛竹林，含青吐翠。我简直不敢相信自己的眼睛了。如果把二十多年前的紫竹院，比喻为"养在深闺人未识"的羞涩少女，那么现在的紫竹院，就如同"天生丽质难自弃"的娇美宠妃了。

感觉园子大了几倍。听曹园长介

昔日紫竹院

绍，现在的紫竹院占地面积有45.73公顷，水面达到了15顷。哦，好大的一个园子！让我诧异的是环境这么优雅的公园，居然不收门票。曹园长告诉我，在市属的公园中，紫竹院是4A级景区，也是唯一不收门票的园子。

自然，我最关心的还是竹子。曹园长听我讲完三十多年前跟画家进园觅竹的故事后，特意陪我在竹林走了一圈。

天气有些阴沉，竹子枝繁叶茂，竹林里笼罩着雾气，氤氲弥漫，像是给竹林披上了薄薄的轻纱，空气里散发着竹子吐出的淡淡幽香，那是一种非常奇妙的特殊清香。我突然想起唐朝一位和尚写的诗："移去群花种此君，满庭寒翠更无尘。暑天闲绕烦襟尽，犹有清风借四邻。"

百岁老人孙菊生贺紫竹院60周年对联与刘福林紫竹院绘竹

曹园长告我，紫竹院的竹林有的已经培植近二十年了，现在确实能遮天蔽日，人们走在竹林里，下雨都不用打伞。是呀，置身于竹林，"客来不用呼清风，此处桂冠凉自足"。这种感觉我体会到了。

如今的紫竹院已经是以竹子为主题的公园了。我查了一下资料，目前全世界的竹子有1300多种，我国有竹子500多种。曹园长告诉我，紫竹院栽种的竹子，除了紫竹，还有120多种，竹子越种越多，眼下，约有百万株，是名符其实的华北第一竹园。

紫竹院还加入了国际竹藤组织，各国竹子的研究者到中国北方观竹赏竹，必到紫竹院。除了竹子，园内还有盆栽的竹子盆景，用竹子搭建的茶楼，此外，还有一个以竹子做的乐器为主的竹乐团。园子里到处都有普及竹子知识的牌子。公园提出了"十竹"的倡议。所谓"十竹"，即知竹、爱竹、养竹、护竹、听竹、颂竹、写竹、画竹、食竹、用竹。啊，他们真是把竹子琢磨到家了。

五十出头的曹园长在北京的公园工作了近30年，算是"老园林"了。他兴致勃勃地带着我和几个作家，参观了刚刚复建完工的"福荫紫竹院"和行宫。行宫院内栽种了不少紫竹。望着这些新竹，蓦然想起白居易的一首诗："勿言根未固，勿言荫未成。已觉庭宇内，稍稍有余清。最爱返窗卧，秋风枝有声。"如果乾隆起死回生，看到这些真正的紫竹，这位爷该作何感慨呢？保不齐他会诗兴大发，一不留神整出十首八首来。

站在当年紫竹禅院的高高台阶上，遥望远处濛濛之中的竹林，情不自禁地想起了我的那个画家朋友。此时此刻，假如他站在我的身边该多好呀。可惜，他十多年前便移居加拿大，我们也有好多年不见了。他现在已是小有名气的职业画家了。

也许他不会忘记当年我们在紫竹院觅竹的往事吧？想到这儿，我不由自主地拿起手机，嚓嚓，一连拍了十多张竹子的照片，最后我也"进了"镜头。

夜幕降临，走出紫竹院，我的脑子还在想，该用哪种方式把手机里的"竹子"，发给我的那个画家朋友呢？

（作者系著名京味作家、中国作家协会会员）

景观 | 别有洞天

今年是紫竹院公园建园60周年。千年风景,百年禅院,紫竹院的兴衰与北京城的发展史紧紧相连。依水而建的紫竹院,见证了朝代的更替、城市的兴亡。

文/曹振起

"紫竹梦"
——我们的中国梦

70年代紫竹院河堤

紫竹院公园在建园之初,充分利用原有水系,并通过人工堆土造山,形成山环水、水绕山的山水空间,和谐自然地将园区分出若干园林空间,同时地形起伏变化,使园景具有强烈的控制性,空间尺度舒适,层次感极强,其山形水系的基本构架创造了丰富的视觉形象。

20世纪70年代初,紫竹院公园引进了多种竹子,至此,紫竹院公园初步形成了绿化与现在的山

梦幻紫竹院

形水系相称的基本格局，成为首都的一个竹景特色公园。20世纪八九十年代以来，公园进一步明确了以竹为主的发展思路，按照"以竹为胜、以竹为景、以竹为营，解放思想，奋力开拓，建成华北第一竹园"的精神，突出竹子的特色，同时更加注重竹文化建园，建成了以竹子为主题的筠石苑等景区，举办各类观竹笔会、展览展陈及竹荷文化节活动，深入挖掘竹文化内涵，弘扬竹"未出土时先有节，及凌云处尚虚心"的精神。几十年来，各方社会名人以及著名书画家的书画题词，为紫竹院再添艺术底蕴。长河古柳、福荫紫竹院、双林寺塔更是紫竹院公园深厚的历史具证。这种古今交相辉映的文化特点，成为了紫竹院公园的历史印记。

21世纪以来，随着"人文北京、科技北京、绿色北京"战略的实施，紫竹院公园按照公园管理中心"三步走八大战略"目标，努力打造北京世界名园、塑造世界城市名片，实现跨越式科学发展。紫竹院公园以公园总体规划为依托，立足自身优势资源，找准自身定位，成功举办了20届竹荷文化节，把竹文化渗透到园区景观，把现代科技、现代低碳生活理念注入园区，紧抓新机遇、创造新优势，努力打造一流竹特色公园。

自免票以来，公园年游客量剧增，由原来的300万人次增加到800万人次，仅今年上半年就接待游客达500万人次。面对巨大压力和困难，紫竹院公园始终保持队伍和谐稳定、管理科学规范、服务优质高效、园容景观见精品，发挥了免票公园典范作用，充分体现了公园的公益性与福利性。

进入"十二五"以来，公园建设进入快速发展阶段，紫竹院公园以打造全国免票公园典范为目标，树立"精、优、特、细"的管理理念，继续探索免票公园的管理规律，在服务中实施管理，在管理中体现服务。通过文化挖掘，解析文化底蕴；通过景点提升，美化景区环境；通过活动策划，做足竹荷文化品牌；通过项目创新，打造具有一流水平的竹特色公园及全国免票公园的典范。

紫竹院为了实现"文化建园"目标，我们注重挖掘和利用历史遗产，积极探索合作方式和途径，举办形式多样、高水平的公园文化活动，提高公园美誉度和知名度。大力开展公园历史文化整理收集工作，逐步进行行宫文化、长河文化、竹荷文化挖掘，理清历史脉络，提高公园文化地位，打造公园文化品牌。

紫竹院为了更好地服务首都生态文明建设，我们努力打造一流竹园，注重景观提升。2010年徽派建筑新水榭落成，成为公园标志性的景观建筑之一。2011年荷花渡改造工程、大湖治渗工程、青莲岛园林景观改造工程完工。有计划地对长河沿岸柳树进行补植，在长河沿岸坡地增加花灌木，保护驳岸地被竹，强化公园长河沿柳的景观特色，并且安装雾喷10000余平方米，既给竹林创造了合适的湿度，又营建了良好的园林景观。

紫竹院为了搭建市民休闲娱乐、享受生活、共建和谐的多元化服务平台，我们为市民提供了多项贴心服务，如在全市公园中率先推出免费为游客供应开水的服务；在游客服务中心增置手机充电器、智能导览系统等；向游客提供免费咨询及免费导游；为晨练群体设置挂衣架等。并且对码头进行了升级改造，增加亲水平台，新建木制水上码头一座，增设无障碍通道，提升了公园景观，美化了公园对市民的综合服务能力。

紫竹院为了寻找"非门票经济"的经营模式，我们转变经营理念和机制，捋顺经营管理，规范经营模式。同时深化"一园一品"建设，通过吸引

石桥改造后的荷花渡

外资等多种形式，研发品位高雅的纪念品，推出知竹、爱竹、写竹、画竹、赏竹、听竹、食竹、用竹、品竹、颂竹等十项系列文化活动，打造文化品牌，丰富公园旅游文化内涵。

紫竹院为了打造免票公园的典范，制定出既符合公园的实际，又能可持续性发展的模式，我们在管理上实施了时差管理、立体管理、网格化管理，实现了全天候立体保洁，确保园容环境的清新、整洁，并对全园监控系统进行了升级改造，实现了数字高清监控，达到了全面覆盖无死角。同时安装了GPS定位巡更系统，进一步提高了人防、物防、技防的安全系数。逐步摸索出了适合免票公园的服务管理模式。

经过公园全体职工的共同努力，紫竹院公园已跨入北京市精品公园行列，入选了国家AAAA级旅游景区，通过了ISO9001质量管理体系认证、GB\T28001职业健康安全管理体系认证和ISO14001环境管理体系认证，被中华人民共和国住房和城乡建设部评为国家重点公园，目前正向着国家AAAAA级旅游景区迈进。

六十年峥嵘岁月，一甲子春华秋实，今年是紫竹院发展史上的重要里程碑，也是我们续写辉煌的新起点。60年的艰苦岁月激发我们要以更加旺盛的精力、更加昂扬的斗志、更加扎实的作风做好各项工作，推动公园建设再创辉煌，更好地服务首都市民，服务首都生态文明建设，努力实现打造最高水平的城市山水园的战略目标。我们要站在北京建设世界城市的高度，打造全国免票公园典范，打造全国现代城市园林的精典，为京城百姓幸福、和谐、美好生活的第三空间，在"紫竹梦"中实现我们的"中国梦"。

紫竹院公园园长曹振起

（作者系紫竹院公园园长）

透水铺装改造后的东区大草坪

链接：北京市2006年7月1日免票的还有十二家，其余11家区属公园是：南馆公园、人定湖公园、南苑公园、长辛店公园、八角雕塑公园、宣武艺园、万寿公园、团结湖公园、红领巾公园、日坛公园、丽都公园。

景观 | 别有洞天

文/檀 馨

我和筠石苑的缘分

紫竹院公园的筠石苑，是我中年时期构思设计的具有代表性的作品。

友贤山馆

那是在1986年，记得当时北京市针对50年代初期兴建的一批园林提出了整治建设规划，主要的思路是：陶然亭要有亭文化、紫竹院表现竹文化、龙潭湖要突出龙文化。当时，我已经担任了北京市园林古建设计院的副院长，这三个项目我都参与了设计。回想起那时，真是一个充满激情、憧憬和建设的时代。我们刚刚完成陶然亭的华夏名亭园的设计，马上又承担了紫竹院公园筠石苑建设，这是我和著名建筑师金柏苓共同合作的项目。

紫竹院公园，在历史上原本只是一个蓄水用的湖，元朝时所修建的官粮运河在此处经过。

到了清朝，在湖的东侧修筑了长河宫，在西侧则修筑了万寿寺行宫。而在湖的北岸有一座福荫紫竹禅院。解放前夕，这里已变成了农田。1952年这里挖湖堆山，开始有了紫竹院公园。

筠石苑面积7公顷，位于紫竹院公园的长河以北。这个园子的总体设计构思是"以竹为友"，突出竹文化的风韵与特色，将江南水乡翠竹之美展现给北方的广大游人。

这里原来是公园的花圃，地势平坦无奇，为了取长河水入园和造景的需要，我将地形做成缓坡和山丘。筠石苑主要以休息、游览为主，共有10处景点，即清凉罨秀、友贤山馆、江南竹韵、斑竹麓、竹深荷静、松筠涧、翠池、绿筠轩、湘水神、筠峡。

筠石苑园内种竹近30万竿，这在北方园林里是极罕见的，游园时令人有身处南国竹乡之感。为了进一步强化这种情趣，在构思筠石苑的建筑时，我采用南方传统建筑的形式或以竹质材料作为建筑主材，真实地体现了江南水乡的竹景观和竹林美景，每一处景观都有自己的特色，都被赋予了一定的主题，步移景异，让人一路走来，不仅能够欣赏竹文化景观，还能体会传统文化底

娥皇女英：1986年，著名雕塑家王一林创作于紫竹院筠石苑内。

蕴。筠石苑中特色突出的景观设计思路如下：

斑竹麓——在这一景观的创建中，我设计了两位美丽、年轻的中国古代女子，她们就是传说中大禹的两位妻子娥皇和女英。她们头戴着南方的竹斗笠，"竹"字的"⺮"字头，正好形似两个女子头戴的斗笠，而"竹"字下方的两个"丨"，正好形似两位身材婀娜的年轻女子。这个创意，将景区中的斑竹及其相关的故事，巧妙地加以联系，为这一景区增添了人文色彩、历史典故与纯洁的爱情传说。斑竹麓景区也成为竹文化景观的写真，在赏景中给人留下了深刻的记忆。

竹深荷静——这是一个秀美清新的景区，这里原有两个长方形养鱼池，利用这两个鱼池扩建为一个湖。巧借湖东岸形成的3米高差，借天然优势，用山石堆砌，形成了护岸、壁山、洞穴，让水流沿着婉转曲折的山石小渠，顺势而流，水声轻盈，浪花翻腾，清美绝幽，别有一番风韵与情趣。

松筠涧——是筠石苑中的景中之景。山石之间的翠竹与油松交织在一起，不但深绿与浅绿、松针与柳叶互为对比映衬，各种植物空间高低错落，显示了植物色调和层次的丰富与美感。

友贤山馆——筠石苑中，有一个400多平方米的园林建筑小群落，名叫友贤山馆。主要功能是在丰富园林景观的同时，为游客提供一处休憩的场所。在对友贤山馆的构思设计中，我强调了环境的幽静、建筑和设施小品的独特美感、交通和路由的便利、群落内部不论俯仰处处有景可观。为此，建筑师金柏苓调动和借鉴了多种中国传统园林建筑形式：厅轩、游廊、桥廊、曲廊、粉墙、洞门、云墙、院落、山石、石笋、景石、青石板、壁山石画等，辅以竹榭、竹亭、竹桥、芦苇、毛竹等多种以竹材料为主的园林小品，再加上以松竹梅为主题的植物配置，充分体现江南园林的清幽与文雅，无论冬夏，来到这里，恍若江南。

江南竹韵——这个景点从功能上讲，主要是为竹子生长营造更好的生态条件，从文化上讲，是要使紫竹院的竹文化形成自己的特色。基于以上两方面考虑，当年我在这里将该景区设计为沉园，景区内有巴山凝翠、云梦湘妃、三友观瀑、汶上风篁等多个景点。可喜的是，经过紫竹院公园的多年持续维护和不断提升，现在的景观质量已经非常好了。景区内青石板铺地，泉、溪、潭、瀑环环相连，多种著名观赏竹形成了美而特色鲜明的小景点，竹品种多得数不胜数，有巴山木竹、斑竹、罗汉竹、箭竹、金镶玉竹等，这些名贵品种与梅、松和其它植物搭配构成的美景，更是令人称奇。人行其间耳听潺潺流水、眼观森森竹木，顿觉神清气爽，如入山林，其曲折萦回、幽静雅致，使人仿佛置身于秀美的江南。

应该说，我和紫竹院公园有着相当的缘分。北京古建园林设计院是与之毗邻的单位，而我从1979~1993年在设计院工作了十几年，不仅生活上朝夕相处，还非常荣幸地先后几次参与紫竹院公园的景区设计。除了筠石苑外，我还在1998年主持设计了东门区大草坪的景区改造项目，完成了近万平方米观赏草坪的设计，保留了水杉、白皮松、雪松等观赏大树，形成了北京市第一个展示疏林草地的园林景观，令人耳目一新，深受老百姓的喜爱。在2011年，我还主持设计了大湖北区的环境改造项目，这里是以建于明、盛于清、复建于当代的皇家佛寺（道观）福荫紫竹院为主要景点的区域，通过绿地植物调整、增加园林设施、调整游览路由等，使大湖北区的景观质量得到了很大的提升。

多年以来，由于工作的关系，我经常来到紫竹院公园。这里的领导、这里的职工，还有这里的山山水水，一花一木，我熟悉和喜爱的东西太多了！尤其是当我作为旁观者，看到在这里唱歌、跳舞、游览和休憩的人们，我就会从心里涌出无比的欣慰与感动。现在紫竹院的竹种和数量又增加了很多，竹名声已经赫赫在外，环境也越来越美，这是每一位领导和全体职工多年苦心经营管理的成果。是的，我将自己的智慧毫无保留地奉献给了紫竹院公园，而紫竹院公园给予了我施展才华与能力的机会，对此，我心中永存感念！

（作者系北京创新景观园林公司董事长）

紫竹院江南竹韵景区

> 凡结林园，无分村郭，地偏为胜，开林择剪蓬蒿；景到随机，在涧共修兰芷。径缘三益，业拟千秋，围墙隐约于萝间，架屋蜿蜒于木末。山楼凭远，纵目皆然；竹坞寻幽，醉心既是。轩楹高爽，窗户虚邻；纳千顷之汪洋，收四时之烂漫。
>
> 计成——《园冶卷·园说》

文/桃 樱

收四时之烂漫 纳千倾之汪洋

——访原北京市园林局副总工程师、北京市园林古建设计研究院院长刘少宗

2013年，位于京西北的紫竹院公园迎来了自己建园60周年华诞，可谓甲子逢盛世，紫竹承福荫。当人们漫步于今日紫竹院公园，时光恍若倒流300多年，计成笔下的园林梦境，仿佛就在人们眼前。

住在长河边上的老人们都粗略地知道她的前世今生。然而，她是怎样从一座古代名刹下院一步步走向今天人们所看到的"一湾消夏，百亩藏春，凉亭浮白，竹树风生，夜雨芭蕉，晓风杨柳，移竹当窗，瑟瑟风声，半轮秋水"的紫竹院公园，尤其是新中国成

绿色满园

街上走进公园后第一感觉就是视觉上的享受,就要尽量使园景错落变化,形成曲折回环的天然之美。公园的空间是有限的,我们必须在有限的空间里创造出无穷的意境,营造出"山穷水尽疑无路,柳暗花明又一村"的空间感来。同时,要最大限度地利用原有地形和树木,形成地势起伏、林木交错、园路幽邃、欲合又开的含蓄深远的境界。其次,在公园结构的艺术性和完整性方面,要注意使全园贯通,一气呵成,突出艺术布局上的完整性。在照顾全局性的同时,不能忽略了中心和重点,也就是主景处理一定要充分突出,比如北海的琼岛和颐和园的万寿山。再次,在平面规划的同时不要忽视了竖向规划,充分利用地势起伏、峰峦叠翠,形成自然山水之美。在竖向横向双向兼顾的前提下,再细化空间,准确划定景区的分界线,然后将规划的主题思想融入其中,通过一系列造园手法,实现设计效果。要强调的是,在规划设计中一定要有全局意识,建筑的形制与比例,这个景观与另一个景观的衔接,一定要与周围环境彼此协调,不能顾此失彼。

本刊记者: 今年是紫竹院公园建园60周年的大喜之年,值此重要时刻,您对紫竹院公园有什么建言?

刘少宗: 紫竹院公园60年走过来,能发展到今天这样一个水平,保有这样的山水竹林,很不容易。这得感谢几代紫竹人坚持不懈的努力。同时,也应该从过去发展中走过的弯路和失误中汲取教训。比如在20世纪60年代初,公园大湖变成了养鱼塘,为了提高鱼的产量,往湖里倒人粪尿,严重污染了水体。现在回头看,就是当时没有把握好公园的定位和性质。又如在文革初期,公园变成了农林部门所属场地,园中种稻、养鸭,紫竹院公园几乎蜕变成农场。再如在大型

友贤山馆长廊

游园活动中,由于游人密集,对公园里的草坪和植物以及其他设施都带来了不同程度的毁损,这个问题要引起高度重视。另外,要更加注意树木的科学修剪以实现景观的效应。比如今天站在揽翠亭上,由于树木的高度超过了游人的视线范围,揽翠亭已经失去了她俯瞰紫竹院全景的功能,因此树木应保持适当的高度。还有,公园南部的双紫渠过去一直是作为周边地区的农事灌溉和排污渠道,并且通过它直接将污水排入长河,而长河又直接通往中南海。鉴于此,我建议立刻采取行动,杜绝双紫渠流经紫竹院再注入长河,从而消除这个污染源。最后,我还想对紫竹院公园免费开放后提出一些建议。公园免费代表了社会的文明进步和城市公园服务于民的一种理念,这是一件好事。但是,从紫竹院公园的情况来看,免费前年均客流量为150万左右,而免费后已经到达了810万,年均700多万,并且还在不断升高。对此,公园需要提供相应的场所来满足不断增长的游人数量,其结果就是绿地面积的不断减少并且硬化,久而久之,公园将逐渐蜕变为群众活动广场。怎样在努力保有珍贵绿地的前提下,解决有限的公园空间和无限的客流量之间的矛盾,应该引

起有关方面的重视并且纳入课题研究。北京的绿地资源十分有限且弥足珍贵,免费开放公园后,要从更有利于公园的可持续发展角度来审视这个问题。

……

经过一甲子春花秋月的拂照洗礼,经过紫竹人60年坚韧不拔的努力,今天的紫竹院已然呈现出"梧阴匝地,槐荫当庭;插柳沿堤,栽梅绕屋;结茅竹里,浚一派之长源;障锦山屏,列千寻之耸翠,虽由人作,宛自天开"的中国山水园林的深远意境。如今,这片充满诗情画意的园林正展开博大的胸怀,免费为广大百姓开放,将中国山水式园林的天然清幽、精致浪漫无私地奉献给每一位走进她的怀抱里的人。当人们徜徉在这"窈窈竹语,溶溶月色,紫气青霞,晨光暮霭"的紫竹院公园里时,切莫忘记了那些与刘少宗总工一样为我国美丽园林的规划设计付出毕生心血的园林人,切莫忘记了他(她)们把自己的青春和生命倾注进了每座园林的一山一水、一亭一榭、一花一木、一红一绿,切莫忘记了我们在公园中每踏出的一步,都是站在园林规划设计者用智慧和汗水描绘出来的美丽蓝图上,正是他们用智慧和巧手,带领我们穿越时空,在21世纪的今天,重新走进我国古代园林设计一代宗师计成梦中的理想林园。

(作者系景观杂志特约编辑)

东门草坪

文/张 辉

紫竹院公园——我们的家

家是什么？
我们心中都有一个答案。
家是温馨的港湾，
是我们迷茫时可以停靠的港口；
家是母亲的怀抱，
在我们孤独无助时给我们温暖；
家是一个屋檐，
下雨时为我们遮挡风雨，
烈日下为我们带来荫凉。

紫竹院公园，我们的家，
她已走过六十个春夏，
承载了六十年欢声笑语，
给人们留下无数美好的回忆。

她是老人们的乐园。
清晨，鸟儿高歌，
公园里聚集了无数晨练的老者。
老人们或悠闲地散步于林间小路，
或在晨风中翩翩起舞，
或打太极拳，或练五禽戏，
过往的游客被这浓浓的气氛感染，
纷纷驻足，跃跃欲试。

她是都市里的天然氧吧，
植物茂盛，空气清新，
上班的人们经过这里都要放慢脚步，
享受沁人心脾的空气，
在如此喧闹的都市里，
她就像一张细密的滤网，隔绝了尘埃与喧嚣，
给我们带来清新的空气与宝贵的宁静。

她是孩子们的天堂。
休闲游艺，嬉戏玩耍，
游乐园里永远荡漾着欢声笑语。
旋转的木马承载着孩子们的欢乐，
在起伏之间放飞梦想，
留下童年的美好回忆。

她是爱的使者，
对对情侣漫步于竹林间，
阵阵清风吹过，
像是情人的窃窃私语，
奏响爱的交响由。
无数情侣在这里开始了爱的旅程，
在这里相识、相知、相爱，
一直走进了婚姻的殿堂。

她是水中的乐园，
游船在水中随波荡漾，
阵阵清风吹过，湖面泛起片片涟漪。
乘船深入荷花丛中，
莲叶田田，近在眼前，
清香阵阵，沁人心脾。

她是垂钓者的乐园，
水草旁，树荫下，
或三五成群，或一人静坐，
修心养性，陶冶情操。
各自抛下满怀希望的一竿，
浮漂的颤动带来儿童般的欢乐。

啊！这就是我们的家——紫竹院公园
她用大地的胸怀，
她用母亲的慈爱，
从不索取，无私奉献，
为我们撑起绿色的巨伞！

（作者系紫竹院公园游船队职工）

文/一蓑烟雨

心动紫竹院

　　夕阳西下的时候，整座大楼渐渐的空了，静了，静得让人窒息，空的让人心发颤。冷寂的，孤独的，难过的黄昏就要来临了。我慢慢度到窗前，突然，一股幸福的甘泉浸润了我的心，那是因为一座园林进入了我的视线……

　　我的眼前是一潭澄碧澄碧的水，周围有摇动着身躯的一丛一丛的树，有挺拔节劲的竹，有诗一般的桥，梦一般的榭和鸳鸯一般的情人——我的眼前是紫竹院。

　　那荡着夕阳的余辉，泛着舒人涟漪的一潭碧水，我爱极了，我真想飞过去亲吻她、拥抱她、抚摸她。她多像少女的眼睛，那么纯净，那么清澈，那么可爱动人，又是那么内含丰富。那倒映在水中的绿树、白桥，多像姑娘蓬松的柔发和漂亮的发卡；那本来就如梦如诗的榭，被涟漪抖动着，多像晚风吹起少女的裙；那漫步湖边相互依偎的情侣，正在体味着幸福和甜蜜吧……多美呀！一霎时，我没有了冷寂，没有了孤独，没有了难过。

一得桥踏雪

景观 | 陶然亭

文图/陶鹰

免票后的酸甜苦辣

免票后的辛酸苦辣

话说2006年7月1日，经过长久的酝酿和论证，北京市政府宣布了全市第一批对公众免票的公园。作为市属11家公园之一的紫竹院公园，"中了头彩"。

游人享受着公园

面对新形势和新挑战,很快,紫竹院公园提出了"五不变,五不降低"的工作理念,即:继续贯彻执行《北京市公园条例》不变;各门区管理不变;园容卫生管理标准不变;开放时间和静园时间不变;继续走文化建园的方针不变;管理水平不降低;服务接待能力不降低;绿化养护水平不降低;职工服务热情不降低;职工工作标准不降低。这一工作理念的提出,为紫竹院迈出免票公园第一步,奠定了扎实的根基。2009年,随着公园新一届领导班子的成立,根据新形势和公园面临的新情况,公园提出了"免票不免责"和"五个提高"的工作理念,即:公园免票,但不免除责任;提高职工综合素质,提高服务接待能力,提高机关办事效率,提高景观环境养护水平,提高网络化管理水平,以期把这座全市瞩目的免票公园推上管理和服务的更高层面。

由此,紫竹院公园踏上了免票之后服务管理新机制的探索之路。然而,免票后的紫竹院,游客的规模和成分发生了巨大的变化,从过去持票入园年均300多万猛增到如今的800多万,外地民工、拣破烂的、卖东西的、偷钓鱼的,纷纷涌入,而不少游客的心理和意识也发生了巨大变化。于是,一边是公园管理者的"免票不免责",一边是部分游客的"免票免规则",两者不断发生冲撞。7年过去了,免票后的紫竹院公园一路走来,充满了酸甜苦辣——

故事一: 那是2010年初秋的一天,四五个卖风筝的小贩进公园来兜售,闻讯后公园管理人员迅速赶到现场对小贩进行阻止。但是,这四五个人依仗人多势众根本不把管理人员放在眼里,态度极为蛮横,园方准备将他们带到办公室做进一步教育处理。正当此际,其中一个女贩从公园老职工张师傅的背后突然将他扑倒在地,前面的男贩迅速对倒地的张师傅拳脚相加,后面那个女贩又乘机对张师傅的手狠狠咬了一口,待张师傅终于从地上挣扎起来后,走在前面的男贩又猛然回过身来挥拳朝张师傅的左眼眶狠狠打了一拳,顿时血流如注……最后,小贩交给了派出所,张师傅的太阳穴缝了3针。

故事二: 2011年5月的一个周末,刚从冬眠中醒来的紫竹院春意盎然,暖意浓浓。趁着这大好天气,一些兜售小手工艺制品的商贩又潜入公园,在这里和那里摆开了摊位,花花绿绿吸引来往游客。正在例行"周检"的曹园长发现这一情况便走过去和颜悦色地对小贩进行"劝退"。这番和蔼"劝退"小贩并不领情,反而态度强硬地"反击",

紫竹院

正当"势均力敌"相持不下之际,不巧旁边又路过一对老夫妻,迫不及待地站出来为小贩求情,说那是一个下岗女工啊,给她留一条活路吧!老夫妻这一"大慈大悲"的"善举"又引来围观者众多,舆论反而变成了对曹园长的"讨伐",让曹园长陷于"寡不敌众"。然而,他以领导者的风范,耐心细致地对游客进行引导,反问他们,如果全北京下岗工人们都跑到公园里来摆摊设点儿,这满园子都在卖东西,你们还能有这树林绿地鲜花野草的空间吗?紫竹院的面积就这么大一点,如果把空间都给了摊贩,你们上哪儿游览休闲去?几句话,如醍醐灌顶,围观者豁然开窍,纷纷转过来对小商贩进行"劝退"。形势一下逆转,"寡不敌众"的小商贩很快收拾东西打包走人。那对老夫妻更是感慨万千,一再对园长表示,今后要自愿担当对公园里那些游商的"义务劝退员"!

故事三:《北京市公园条例》规定,为了保障游客安全,游客禁止携带宠物进入公园。然而,

个"岗哨"要练就一双火眼金睛，善于从巧妙伪装之下识破那些违反公园公共安全规则的各色"诡计"。

故事四：每年四五月份是紫竹院竹笋出土的时期，一些深谙此道的游客对这些竹宝宝打起了主意。一天上午，公园巡逻人员发现一位老者在竹林里鬼鬼祟祟，随即上前查看情况，结果在老者随身携带的麻袋里发现了78根刚刚撅下的新笋！老者被带到公园办公室后，竟然振振有词声称自己是农科院研究员，感到这里的竹林过于茂密，专程前来这里拔笋为竹林间苗！面对此番令人瞠目结舌的诡辩，园方除了进行严肃说服教育外，并且迅速成立了"护笋行动队"，对全园竹林分部门包干实行

朝霞漫天紫竹院

这一规定在游客眼中被"免票"二字"免除"了。那是2011年国庆假日，一个游人如织的日子，公园北大门来了一对50多岁的夫妻和他们的女儿一家三口，大爷手推一辆儿童车，车上蒙着一块小毛毯。显然，这是祖孙三辈同游紫竹院，一切都那么祥和。然而，当婴儿车进入了公园，毛毯下突然探出一只狗头！这一情况被正在门口值班的员工及时发现，于是急忙上前进行制止，要求他们把狗带出公园。但是，这一家三口非但不带狗离开公园，反而对职工的劝阻暴跳如雷，口口声声免票公园就和马路上一样，在这儿遛狗谁也管不着！甚至气势汹汹要冲进门卫室进行"理论"。当那大爷猛力将门卫室门推开，恰好站在门后的年轻职工小邢被门拍中应声倒地昏迷不醒，后被医院诊断为脑震荡。见公园派出所来人了，120急救站来车了，事情闹大了，那大妈又马上佯装昏迷瘫倒在地……多番周折后，直到傍晚6点多事情才算平息。为了杜绝此类事情再发生，公园又在门区"增哨加岗"，要求每

"网格化"管理。自此，每年四五月"护笋行动队"成员都会轮流守护"华北第一竹园"中的竹宝宝，直到它们度过"婴儿期"。

故事五：紫竹院公园每天面临着各种挑战：社会上一些所谓的咨询公司、保险公司、房地产广告人员等，浩浩荡荡长驱直入，对游园群体进行忽悠。被公园拒之门外后，就在各个门区前摆开阵势，严重阻碍交通影响园容，更要命的是堵塞消防通道，妨碍紧急情况下游客疏散，但无论公园员工怎样劝说疏导，人们置若罔闻，加之各种车辆乱停乱放，造成门区混乱不堪；一些披着小广告的人混进公园到处散发，一见管理人员撒腿就跑，而大爷

碧水蓝天

大妈们接过来后满地乱扔，严重影响园容园貌；一些专门来公园偷钓的人群，无论被"捉拿"多少次，仍然不思悔改，甚至被送到公园派出所，但是，公园人前脚刚走，他们已经又回到湖边……

故事六： 在紫竹院公园公厕里，有大爷拿瓶子来把公共洗手液接回家去，有人把免费卫生纸卷进包里，有大妈把公园门口买的菜拿到厕所水龙头清洗，有人更是拾来砖头把马桶下水道堵死，还有人把水龙头拧下来掖回家去，甚至摆放的灭火器也不知所踪。

故事七： 从免票以后，来紫竹院开展各种活动的群众自发群体据不完全统计已经超过了150个。为了满足群众活动的需要，紫竹院公园在开发场地上做出了最大的努力，但仍然满足不了日益增长的游客需要。一些群体为了争夺活动场地彼此大动干戈，有的甚至闹到了法院；而在每年夏秋时节，那些爬树摘核桃的、打银杏的、采柿子的、践踏草坪的、攀折花木的，无视公园规定；此外，2008年紫竹院公园曾作为北京奥运会期间群众游行示威的备选场所，迄今这一"待遇"尚未正式宣布解除，于是，社会上一些怀有消极敌视情绪的人等，不时到紫竹院来纠集，试图"行使"自己的"权力"……

故事八： 面对以上严峻的现实，紫竹院公园管理者不仅没有退缩，反而不屈不挠，顽强地勇立潮头，坚持"免票不免责"，始终面带微笑，优质服务，在社会上树立起了公园行业的良好形象。为了使游客"在免票公园里享受到不免票公园的服务"，紫竹院公园以人为本，处处为游客着想。就拿路椅来说，针对游客们提出的公园里的铁椅冬冷夏烫这一诉求，公园马上采取行动，花了16万元，将每一张路椅加装了木质条板，满足了游客需求；最近两年，紫竹院又实现了园路坡道全覆盖，为行动不便的游客提供方便。用员工的话来说："这公园里哪块地砖松动了，哪根树杈不结实了，我们全都了然于心。"为了使公园卫生环境与收费公园一样，紫竹院公园采取了"保洁时差管理"办法，每天早上从6点钟开园到晚上10点钟静园，保洁工作一直不间断。

故事九： "免票"后的紫竹院公园闭园和静园的时间就由不得自己了，一些游客甚至到了晚上12点还滞留在公园里不出去，和护园队玩起了"躲猫猫"。于是，越到晚上公园护园人员的神经还越要绷紧，巡查越

秋意渐浓

要细致。用曹园长的话说："这免票公园的一大特点就是，收费公园消停了，咱这儿更热闹；收费公园下班了，咱这儿还要继续上班。"为了保证游客安全和公园秩序，为了治理夜间偷钓行为，公园在原有36名保安人员的基础上，又特地从保安公司聘请了13名训练有素的安保人员，白天黑夜专门负责公园的安全，避免在公园里发生不应该发生的各类事件，此乃所谓"购买服务于安全"。

故事十：近年来，为了进一步提升公园的文化品位，促进公园的可持续发展，紫竹院公园提出了"爱竹、赏竹、知竹、品竹、颂竹、食竹、写竹、画竹、听竹"等"十竹"文化，愣是把竹文化给做足了，把喜欢竹子的广大老百姓给套牢了，更是把这"华北第一竹园"的美誉给发扬光大了！回首这些年紫竹院公园免票后的风风雨雨，曹园长百感交集，他说："自公园免票以来，管理成本直线上升，管理人数年年攀升，而公园行政事业经费仍是免票前的标准，如今要做更多的事情，怎么办？我们完全可以找出很多理由放松管理，任由公园变成一个人来人往乱哄哄的场所。但是，我们没有这么做，因为我们肩负着市政府的期望和公园管理中心的重托，我们不能给公园行业丢脸，不能给公园管理中心抹黑，不能让广大百姓失望，不能让这'华北第一竹园'变成乱哄哄的闹市。因此，无论多么艰难，我们也要自己想办法挣钱维持生存和发展，也要摸索出一套免票公园管理的新模式。"

从2006年7月到今天，漫漫7年路，有志者事竟成。紫竹院公园不仅没有因为免票而让百姓失望，反而以更加昂扬的精神，更加亮丽的风姿出现在首都北京。鉴于紫竹人的不懈探索，免票后的紫竹院公园于2009年被评为国家AAAA级旅游景区和国家重点公园；2010年通过了3个体系认证；2011年又被评为首都文明旅游景区；2012年更被北京市政府评为首都文明旅游景区。2006、2008、2009、2011年还分别获得市公园管理中心授予的突出进步单位奖；2005、2006、2012年又分别获得首都建设文明单位称号。更可喜的是，2012年紫竹院公园的普通员工朱利君同志光荣地当选为党的十八大代表，成为北京市公园行业的光辉典范。

瞧瞧这些甜，再酸再辣再苦，值了！

（作者系景观杂志特约编辑）

"我家住在公园旁边,打开窗户空气好新鲜。我每天在这儿散步遛弯,她每天在这跳舞打拳。公园里姹紫嫣红花盛开,公园里绿树如盖草如毯,公园里青山碧水鸟儿歌唱,公园里一步一景别有洞天。"

文/景长顺

为园而歌

这是我2003年为公园写的一首歌,名字叫"公园,一年我爱你365天"。提起这首歌还有一段小故事:我长期在公园行业工作,对公园情有独钟。我很想为北京的公园写一首歌,于是通过时任北京市园林局的刘秀晨局长找到著名作曲家石顺义先生,他答应了,同时提出他对公园不是很熟悉,还是由你们自己写比较好。于是我抱着试试看的想法写了歌词,给石顺义先生发过去请他批评指正。他看了后很快给我回复:"你这首歌写得很好,一个字不用改,完全可以用。"之后刘秀晨局长为这首歌增加了一段并谱了曲,2003年6月由石顺义先生主持,请专业乐队"黑鸭子"演唱组演唱并录制了歌曲。

我写这首歌的灵感就来自紫竹院公园。那是我真情实感的迸发,也是我平生第一次、或许也是唯一的一次写歌词吧!

紫竹院公园就在我家旁边,有人戏称我们的家是"公园里的家",这一点也不为过,我的家下了楼就是公园,离公园5分钟的路都不到。半辈子在公园工作,现在就住在公园旁边,紫竹院公园成了我家的后花园,心里别提多美了。你说住在这里,满目青绿,鸟语花香,清风拂面,河湖荡漾,能没有灵感吗?

知莫如熟,熟莫如爱。要说我爱紫竹院公园,那是有理由的。一是她美,二是她好。美在哪儿?好在哪儿?我给她总结为十全十美。四季长青,鸟语花香,设施完备,道路通畅,文化建园,科技领航,文明游览,服务优良,优化管理,安全无恙。

紫竹院是华北第一竹园,这在我国北方地区极为少见,据统计有竹子100余品种,100余万株。

菡萏亭

紫竹院初雪

这个数我估计是个大概齐的数字，究竟有多少株，就如同天上有多少颗星星一样，谁也数不清。尽管每年都有一些"馋嘴猫"叨去不少竹笋，但新长出来的也是不计其数。如果说在北方能做到四季长青的唯有松柏和竹子了，这么一个大公园，45.73公顷，除了水面和道路，遍地竹林，到了冬天，万木萧条之际，在这里却是满目翠绿。风敲竹歌，如琴如瑟。再赶上大雪压翠竹，那真是美极了。在沿长河的堤路上有一个亭子叫菡萏亭，北边的一幅对联道出了这里的奥妙和境界："月移竹影疑仙苑"，"风送荷香度画廊"。说道鸟语花香，那是名不虚传的。几乎每天早晨我都是被公园里传来的鸟叫声唤醒的，甚至有时几只小鸟好像专门飞到窗台前的大树上，负责把我叫醒，每年五六月还能听到布谷鸟的叫声。今年的雨很多，不到夏季，就听到了湖边青蛙"唱歌"，每当人们欣赏莲湖上的荷花，深深吸纳幽幽荷香的时候，就会不时听到"扑通、扑通"青蛙跳水的声音，有时也会是水中的大鱼突然跃起撒个欢儿。公园里最享福的莫过于莲桥边广场的那一群鸽子，几乎每天定时定点就有一群人喂，个个长得膀大腰圆，吃饱了就飞上旁边的两棵大柳树，迷上眼睡个小觉。我都怀疑鸽子天天饱食饱饮，会不会得高血压、心脏病？就连周围的麻雀和湖里的鸳鸯、鸭子也跟着沾了不少光，个个都吃得兴高采烈，叽叽喳喳，给来公园玩的孩子们平添了许多乐趣。

紫竹院是个平民公园，没有皇家园林的那种霸气和傲气，更多的是人性关怀。自打2006年7月1日免费以后，更是胸襟大开，敞开胸怀接纳八方来宾，不仅是周遭四面八方的市民，还有很多人从很远的地方坐车来。公园里唱歌的、锻炼的、交友的、谈情的、聚会的，还有不少外宾成团成团地来这里参观游览，听听这里的琴声，看看那边的太极，个个举着相机拍个不停，用钦佩的眼神和疑惑的表情品味着中国人脸上的表情和内心的快乐。你说这些人怎么能不快乐呢？不仅门票免了，厕所是免费的，还免费提供手纸、洗手液、供应开水，我看只差提供免费午餐了！有一次我看到一座公厕前的道路刨了重修，就问一位看厕所的阿姨，我说，原来的路不是好好的吗，为什么重修

福荫紫竹院码头

呀？她告诉我是为了方便残疾人，把有台阶的道路改成无障碍的坡道了。

公园免费了，但门口依然站着穿着工装，年轻美丽的服务员，笑迎天下客，为游客解难释惑。

竹子是紫竹院公园最突出的特色，公园的管理者费尽心机打造竹文化的品牌。亭、台、桥、廊全是竹子的形状或材质，就连路椅、栏杆、花架也都装饰成了竹子的造型，铺就的道路、广场上镶嵌的石板还是竹叶的形状。每年一度的竹荷文化节连续办了20届，届届有创新，每届都精选历代的咏竹、荷诗词供游客欣赏，还吸引了许多人为紫竹院的竹文化或挥毫泼墨，或吟诗赋词。如果把这里比作竹子的王国，竹子的海洋，恐不为过。

近两年，紫竹院公园管理者同国际竹藤协会合作，开拓竹文化的更深领域，引领了竹文化向更深的层次发展。建起了竹韵茶楼、竹韵餐厅、竹文化用品商店、竹藤文化论坛等。人们在优美的竹篁深处，坐而论道，品茶吟诗，享受着无尽的生活乐趣。

福荫紫竹院在紫竹院公园的西北隅。是昔日慈禧皇太后的行宫，依河而建，坐北朝南，殿宇高敞，院落整肃，大殿前有两株百年以上的银杏树，枝繁叶茂，似乎记述着福荫紫竹院的往事今情。据说当年慈禧每年往返于紫禁城和颐和园之间，都要在此驻足小憩。但是后来由于历史的变迁，这里被冷落了，长期处于荒废状态，或给外人改做它用。2012年公园斥巨资清出了租客，重整了规制，扶桑添竹，使其面貌更新，为游客增添了一处回看历史，阅览沧桑的场所。在门前的大湖边添修了码头，桅杆高矗，步石接水，清波盈门。倘若你站在福荫紫竹院的月台上，往南眺望，碧水蓝天，远处的中央电视塔倒映在千顷湖光之中，两岸绿柳垂堤，水草肥美，几位仙人正抛杆入水，或喜获肥鱼，此情此景让人迷茫，是在人间还是天堂。

说起紫竹院，我似乎有说不完的话，还是用我写那首歌的副歌做结语吧："美丽的公园，我的家园，公园把城市融入大自然，美丽的公园让我尽情游玩，一年我爱你三百六十五天。"

（作者系北京市公园绿地协会秘书长）

前不久，友人发来一组风景照片，其中一帧唯美至极，碧绿的湖水边，郁郁葱葱的垂柳，掩映一座小亭，朱红色的四柱若隐若现，好一幅易安居士的"绿肥红瘦"诗意画卷。我忙回复，问莫非是散步在江南水乡某个园林？得到的回答却是：北京紫竹院。

文/韩春旭

烟雨朦胧紫竹院

如此美丽的景色，竟然是我非常熟悉的紫竹院。我娘家就在离这个公园不远的车道沟。以往每逢节假日回娘家，我总要带儿子携母亲到紫竹院游玩一番。我对公园的印象只停留在——宽阔的湖面，嶙峋的假山，翠绿的竹子，仅此而已。自母亲去世后，近十年没有光顾紫竹院了。眼前的照片，让我感觉如此的亲切而又陌生。哪一天，我一定要再去趟紫竹院。

七月流火，八月桂香。京华迎来了一年中最美的秋季。中秋节过后，一个细雨霏霏的下午，我来到了紫竹院。由于不是假日，又逢小雨，游人不是很多。公园门口人们进进出出，悠然自得。走近得知，公园竟然免收门票，我很是惊讶。据我所知，在京的区属公园门票大部分已免费，而市级的园林免除门票可能就仅此一家。

提起免费，我颇有一番感慨，因为我忽然发现，在这个世界上，最珍贵的都是免费的。阳光、空气、亲情、友情、都是金钱买不到的。紫竹院公园将这里的一草一木，湖光山色及滋润心灵的美好风景免费奉献给游人，更是弥足珍贵。

怀着感激之情，我走进公园。茂密的植被，连天的碧草，满眼的绿色簇拥着我，来到与青莲岛连接的莲桥边。桥两侧的荷花早已退去了"接天莲叶无穷碧"，我依稀记得青莲岛山顶是公园的最高点，要窥其全貌，就得登顶一试。小山不高，拾级而上，顷刻间便至山顶。

在绿柏、青松、翠竹的环绕中，一座仿古小亭映入眼帘。深蓝色亭顶，其余皆为白色，在周围绿色映衬下，耀眼夺目。小亭上方有启功先生题记匾额一方，"揽翠亭"三个大字秀雅逸。

我站在亭中向远处眺望，目光所及无不被茂密的松柏、竹林所遮挡，"揽翠"可以说是恰如其分，实至名归了。此时，一阵秋风袭来，松枝摇曳，竹影婆娑。雨似乎紧了许多，整个山顶除了我，空无一人。在如此静谧的氛围中，我索性独自坐在小亭，屏心闭目，求得一份静气。

久居都市的人们，时常被复杂的社会现象，物欲横流的纷争所困扰，有时心态浮躁得宛若汤沸，身上或多或少附着俗气、躁气，而静气实在是抚慰心灵的一种奢侈。

平心而论，"静气"说起来容易，做起来难。人非草木，孰能无情。在一定的环境中某种情绪总要表露出来，这是人的本性使然。我以为晚清名人、两朝帝师翁同龢的这副对联：每临大事有静气，不信今时无古贤。该是我们修身养性最好的座右铭吧！倘若将此对联置于揽翠亭两侧立柱，不时开示过往游人，也许应不失为又增添一雅趣之举！转念一想，一己所思，他人未必附和，不禁哑然失笑。

这时，一阵时断时续的箫声，终断了我的思绪。我起身循着箫声向山下走去。在半山密集的竹林里，辟有一平台。一位老者正面向竹林，专注地吹着一支古曲，技法虽不很娴熟，曲调却悠扬悦耳。唯恐打扰他，我轻步近前，侧耳辨听。雨丝由骤转稀，细如牛毛。眼前的竹林、老者、箫声汇集成了一幅清悠淡雅的水墨画卷。

"这曲吹的不就是《平湖秋月》么？"我自语。老者急转过身来："看来，您对古曲也颇有研究？"老者面容清瘦，精神矍铄，年纪应过古稀。

我笑答："只听过一两支古曲而已，可是这十大古曲之一的《平湖秋月》，还是略有所闻。我也是贸然猜测。"

"雨中游园，怎么，是特别喜爱紫竹院吗？"老者将竹箫慢慢放入一丝绒套。

"我已经十年没来这里了，想不到变化真大呀！"

老者手指竹林，如数家珍说道："是呀，就这竹子，这些年就没少增加品种，有15米高的筠竹，有长得像人脸的罗汉竹，还有从国外引进的跟草那么高的菲白竹，你能想象的到各种竹子品种加起来，有120多种呐！"

我惊诧不已，忙问："大伯对竹子这么熟悉，难道您曾是植物研究人员？"

老者说："我家离这儿不到百米，退休后几乎天天都到公园来转上几圈。你说能不熟悉吗？还有每年开春，紫竹院都要举办竹文化节。那时，每个品种竹子上都挂着小牌子，注明品名、学名、产地、特性，还配备了专人讲解呐。要想全面了解，不花上几天工夫是不行的。"

我禁不住打断老者的话："那我们能不能向公园管理部门提个建议，使普及有关竹子的知识常态化。在公园主要入口处设置一个宣传栏，将各个竹子品种介绍之后再编上号码，鼓励游人到园中的竹林里对号入座。这样既丰富了知识，又增强了兴致，岂不一举两得。"

"我再加一得，又锻炼了身体。"老者爽快地笑着："再告诉你一个变化，公园里南长河的北岸已经开辟出一个具有江南园林特色的园中之园，大部分竹子的品种都集中在那里，趁天还没黑，您不妨去看看，要是还有时间，再向西看一眼紫竹院名字的出处之地，眼下正在修复'福荫紫竹院'呐。我想，过不了多久就会对外开放了。"

经老者提示，我心早已飞向了河对岸。我连忙向他致谢，道别。正要转身，又被他唤住："旁边那个紫竹禅院开放时，你可一定要来，在禅院的后院有两棵古老的银杏树，算起来该有300多年历史了，那气势绝不输给潭柘寺的那两株。"

我真幸运，遇上了这样一位对紫竹院有着深厚情感的老者。现如今我国已进入了老龄社会周期，城市里为老人们提供的活动场所非公园莫属。如何更好地使老年人获得心身愉悦的生态环境，无疑是园林艺术建设的重要课题之一。

下到山底，我蓦然看见湖对岸有一小亭笼罩在烟雨中，游船早已停驶，湖面静若处子。原来友人就是在

筠石苑小路

春光美

这个视角拍下了那幅令我神往的照片。那时正是晴朗的夏末，分外艳丽。现在又逢秋雨朦胧，就更加引人入胜。如用东坡居士的诗句"浓妆淡抹总相宜"来形容此美妙意境，倒是十分贴切！

过了长河，又见一巨大的太湖石，上面镌刻"筠石苑"。我认定这就是刚才老者讲的园中之园吧！。再看石旁刻有一篇说明，得知苑中又划出数个小景区，按特色分别冠以"江南竹韵"（淡雅）、"竹深荷静"（幽静）、"斑竹麓"（清秀）。

进入苑中，感觉真是名副其实的"筠"和"石"的世界。竹林密布，山石耸立，更有小溪流淌于筠、石之间，透视景观的月亮门，掩映在竹林中的回廊，令人目不暇接。

只见，一丛高大、粗壮的竹林，像一堵墙挡住了我的行径。细看，一竹子挂有一小牌，上写：斑竹（湘妃竹）禾本科 刚竹属。对于学科术语，我一无所知，而对斑竹再熟悉不过。这是因为一代伟人曾赋诗云：斑竹一枝千滴泪，已将此竹刻画得淋漓尽致。我再细看竹节之间，还真散布着许多紫褐色的斑块，这不就是舜帝的两个妃子娥皇、女英洒下的泪水所致吗。

我正不知如何前行时，一对情侣竟然从右侧不远处穿林而过。原来有一小道被竹林所掩，很难辨认，看来唐朝诗人常建的"曲径通幽处"还真有所指呀！

我随着情侣后面走出斑竹林，又经一处小湖边，两尊大理石雕塑的帝子像引起我的兴趣。这是用抽象艺术手法雕塑而成的，人物线条简练，略去了五官、衣饰等细节，依竹傍水，好似从远古乘风下翠微而来，在向人们如泣如诉地述说着那凄美的爱情故事。

雨不知何时已停了下来，我来到了公园西北面明清时就有的庙宇群落所在地，由于还在施工，围挡尚存。从缝隙中可以看见，整个古建已经修复如初，西边是过去皇室人员由水路直抵昆明湖，到京西"三山五园"避暑，舟车换乘的行宫"福荫紫竹院"，而东面紧邻的就是万寿寺下院"紫竹禅院"。那两株我急切想见的古银杏树可能就在这"禅房花木深"处吧！

秋风唱晚，暮色苍茫。我惜别了既熟悉又陌生的紫竹院，内心升腾一番期望。

我从小生在北京，长在北京，从小在北海公园、中山公园、天坛公园游玩，每一个公园的气息都浸透着我，那紫竹院的雅趣格外地润泽着我。

我期望，早日进入寺院，一睹古树风采。我期望，再次与老者相会青莲岛，再听一曲令我沉醉的《平湖秋月》，我更期望，在竹文化节上历数百种翠竹的千姿百态，让更多的人们去赏乐！

紫竹院你让我期望的景色、风物真是太多太多，太多太多……

（作者系作家、北京市作家协会会员）

有一年，我路过紫竹院南门，那一带正在进行道路改造，走机动车的主路与走自行车的辅路，以及两条道路之间的绿化带，都已经构筑好了，只是绿化带还没有栽种花木。半年以后已是秋天，再路过那里，看到绿化带里丛生着一种青翠的植物，走近一看原来是高大、茂密的青蒿。栽种这样的绿化物种，是有意为之，还是自然生长出来的，我至今没有弄明白。后来，这些青蒿被砍掉，换为竹子，而成为竹子的丛林。据我所见，以竹子做行道树，在北京似乎也仅止于紫竹院南门一带。这些竹子现在怎样了，不得而知。但是，在这里，选择竹子作为绿化树是应该的，因为这里是紫竹院，是以"竹"为主题的公园。

文/王 彬

飘散雪一样颜色花朵的芦苇

岸边芦花

在北京，有两处别样的主题公园。一处是陶然亭，一处是紫竹院。陶然亭以亭著称，我国各地有特色的亭子几乎都被复制在那里。然而，人造的景点复制多了难免使人生厌，不像竹子这样的植物自然生长自然凋谢，在秋或者春风之中摇曳翠绿的韵律而使人欣喜。有一年，我去紫竹院玩，正是初冬，夜间刚刚降落一场大雪，不少竹子被积雪压弯了。走在竹林间的小径上，时不时要把倾斜的竹子推开，而就在这一刹那，竹子被推开的瞬间，原本附着于竹子上面丰厚的积雪突然崩散开来，晶莹的、洁白的、冰冷的雪粉向天空飞射，而天空是清澄的宝石一样的蔚蓝，给人的感觉真是美极了。将这样的竹子推开多了，回首走过的小径，雪雾蒸腾弥漫，我的发际与衣襟也沾满了雪花。

在我国，竹，与兰、梅、菊一样被视为君子，是美好、高洁的象征。围绕它产生了许多历史人物与历史故事。当然给我们感触最深的是竹林七贤。一天，七贤中最负盛名的嵇康，在家中大柳树下面锻铁，钟会前来看望，"康不为之礼，而锻不辍。良久会去"，嵇康问他，你听说了什么到我这儿来？看见了什么从我这儿离开？用《晋书》的表述是："何所闻而来？何所见而去？"钟会回答："闻所闻而来，见所见而去。"二人的问与答都很微妙，隐藏着冷冷的刀锋，表达了一种憎恨的态度。而这个"见所见而去"的钟会后来被司马炎委以重任灭掉蜀国，却最终被司马炎杀掉，而嵇康则早早地死于司马炎的屠刀之下，为正直的人们所惋惜。曾经和嵇康一同在山阳隐居，后来被迫去司马氏那里做官，也是竹林七贤之一的向秀，路经他们的旧居时，写了一首《思旧赋》。赋是小赋，赋前的序，也很短小，其中有这样几句话：

"余逝将西迈，经其旧庐，于时日薄虞渊，寒冰凄然。"虞渊是古代传说中太阳归落的地方，此时只有嵇康的旧居隐现在烟霭一样暮光里，故人却早已经远逝了。我国向有"日暮人当归"，"愁因薄暮起"的说法，这样的景象如何不引起向秀的伤悲呢？带着这样的感情回顾堆积在道路两侧的冰雪，自然要感到"凄然"。鲁迅先生在一篇悼念亡友的杂文中说过，原来不理解向秀的《思旧赋》为什么那样短小，现在明白了，而这样的明白是以死于屠夫之手的亡友鲜血为代价的。在我国，竹被视为君子，重要的一个因素，应该是与竹林七贤，主要是与嵇康有关吧。如果在紫竹院公园的适当位置，竖立一组他们的雕刻群像，不是应该的吗？

在紫竹院，除了湖泊还有两条河流。一条是双紫支渠，一条是长河。前者是挖掘于上世纪五十年代的人工河流，后者则是高粱河的上游，紫竹院里面的湖泊便是高粱河的发源地。这是北京依以建城的重要水系，却被我们淡漠了，只知道有什刹海，原本清静休闲，现在热闹得令人烦躁，而忘记了紫竹院里面这片不大的水域。而这两片湖泊是通过长河勾连在一起的。历史上，长河曾经是清代帝后去颐和园的水路，近年被开发为北京水上旅游线路。当年慈禧太后从水路去颐和园时，往往要在这里休息。近日看到一则网络文章，说现在社会上流传一张慈禧装扮观世音状的照片，便是在这里拍摄的。理由是，照片的前景是荷花，背景是竹林，根据这样的场景，尤其是后面的竹林分析，拍摄的地点便应该是紫竹院。这样的理由是否准确，尚待研究，因为这里的竹子是在上世纪八十年代引进而与慈禧无关，在长河一带更多的还是芦苇。那种引自江南的、茎秆挺拔，经霜之后的芦苇，呈现一种渊深的紫色，放眼望去，宛如紫色的竹林。可惜这样的紫杆芦苇后来消泯了，现在紫竹院公园的工作人员正在抓紧培育，我衷心希望他们能在最短的时间培育成功，从而恢复这里的景观。

在我国，如同竹子，芦苇也是一种叫人心仪的植物。说到芦苇难免不使人想到《诗经》，想到《秦风》里面的诗句："蒹葭苍苍，白露为霜。所谓伊人，在水一方。"为什么要将霜降时分的芦苇作为吟哦的对

紫竹院莲台

象？后人阐释，这首诗，其实是抒发恋人之间的思念情绪。既然如此，为什么要以秋季的芦苇作为发端而不是其他呢？芦苇与恋人之间有什么必然联系吗？这就与西方不同。我看过一个电影，讲述劳拉、尼克、克里斯、梅尔、乔与海伦等好友，前往一个野生公园的芦苇湿地度假。抵达那里以后，他们发现，预定的游艇被人搞坏了而无法使用，于是租了一艘名字叫"海盗之星"的游船。启程之前，他们和几名怪异的年轻人发生龃龉。不过，这些不高兴的事情，很快被大自然的美丽风光冲淡了。但是，厄运也随之而来，他们的一举一动都受到那群年轻人的监视，而且克里斯在夜晚的一场事故中被刺穿腹部。由此开始，死神慢慢降临。劳拉惊恐地发现，发生在眼前的一切悲剧都与二十年前的恐怖事件有关。这是一部英国影片，类型是恐怖、悬疑、惊悚，影片的名字就叫《芦苇地》。

同样是芦苇，在我国是思念的美好象征，而在英国，却成为恐怖载体。国家不同，文化不同，关于芦苇的文化竟然如此不同，却是我如论如何未曾料想到的。法国的思想家帕斯卡尔说过这样一句话，大意是，芦苇是脆弱的，而人类只不过是一根会思想的芦苇而已。人类是阳光下的精灵，相对于人类脆弱万分的芦苇，又何尝不是大自然的精灵呢？从某种意义说，人类读懂了芦苇也就读懂了自己，而古人其实早已读懂，只是被我们淡忘得太久，如果在紫竹院也塑造一组有思想的芦苇，有什么不可以？而这样的紫竹院，这样的芦苇，当然不再是单纯的芦苇，而是会思索的芦苇了，这该是一件多么奇妙的事情。南宋戴复古有一首绝句吟道："江头落日照平沙，潮退渔船阁岸斜。白鸟一双临水立，见人惊起入芦花"，鸟儿飞翔是有思想的，飘散雪一样颜色花朵的芦苇也是有思想的呀！

（作者系中国散文协会秘书长、中国作家协会会员）

因为有竹，所以北京的人都知道这座公园叫紫竹院，也因这竹，这园子渐渐办出了特色，成了北京地区观竹、赏竹的好去处。要说当初这园子本无竹，只是园子的西边有一片紫色的芦苇郁郁葱葱，就叫了紫竹院。现在想来这叫法也是很有意思的，传说当时有人想为园子讨个好口彩，就叫了紫竹园了。竹在北方少种，见的人也不多，但梅、兰、竹、菊四君子一向得到读书人的青睐，竹在其中，自然就金贵了。苇是不行的，苇在北方无数，荒滩野塘的到处都是，长的像竹的可能有之，借用一下也是无妨。中国人意境与癔境原本也不是太认真的，叫也就叫了，以讹传讹的就这样不经意间叫开了，到是后来的有心人在园子里种了片竹，慢慢的成了些气候，算是让它名副其实了。

文/王升山

因为有竹

紫竹院公园是因竹而得名的，这因物得名其实是很通行的起名方法，在北京因物起名的还有八大处公园，北海公园，陶然亭公园。为座园子、建筑或地名用这种方法起名既便捷又直观，像是今天的广告词，在几句话里不但说明情况还要打动你，其实起名就是个经验和朴素情感的有机结合，公主坟、五棵松，近年的航天桥、芍药居、牡丹园等都很直观的。当然北京皇家园林起名又是另一个风格，像长春园、绮春园、圆明园、颐和园等，名字起的相当讲究，特别是这几座园子中独立的那些个小园，名字起的就更雅致了。

紫竹院公园2006年免收门票，是市属十一家公园里唯一的，这给公园的管理和建设提出了很高的要求。据有关人员调查发现，一个公园只要收三角钱门票，流浪汉和乞丐就不来，否则社会上的闲散人员将大量进入，这给管理上带来很大不便。面对困难，紫竹院公园的管理层提出"不收费，并不意味着管理和服务的下降"的要求，这几年大搞庭园建设，使紫竹院公园继续保持着市属公园的优美和优质的服务。现在的紫竹院是一座很人情化和人性化的平民公园，园中没有四梁八柱、飞檐斗拱宫殿式建筑，没有古木参天，奇花异草，有的只是竹子和北京的当家树，有的是平静水面上的游船，当然园中小径边上的路椅和园中辛勤的劳动者为你提供了便捷周到的服务。

记得我小的时候并不知道有个叫紫竹院的公园，直到今天的回忆也追忆不出那时关于紫竹院的片言，现在想想不是因为紫竹院公园没有名气，只是在紫竹院的东面有一个北京动物园，那可是孩子们的天下，两家挨着这使紫竹院的名气很受伤。我知道并第一次到紫竹院时大约在中学二年级，那年

紫竹院竹林

应该是1974年吧，去紫竹院完全是因为竹，因为直到那时关于竹我没有见过实物，对于竹的认知书读了不少，电影、画片上也见过，但就是没有与真实的竹接触过。那年也是个机会，同学们相约磨着家长再加上自己的零开钱买了一张郊区月票，想把三字头车能到的地方都走遍，紫竹院就是第一站，听说北京有这么一所主题公园，大家又没见过竹，那就去了。现在想起那时的壮举，还是很兴奋的……

说起紫竹院，还要说一说老北京人的活动范围。80年代中期以前，北京人的活动范围大体在三环内，这是由交通工具和工作场所决定的，而紫竹院从时间结点和距离上说更能代表北京人心里上对西北部时空距离的认可。北京的二环路是在老北京城墙的基础上建的，早年间有城墙时晚间是要关城门的，那时为了在此赶脚做生意人的方便，在城的门外也就是我们说的关厢建起了好多的酒肆和车马店，如西直门外到紫竹院的一带，德胜门外到马甸一带。当然还有些重要的活动场所城内放不下建在了城外，如安定门外的地坛，朝外的东岳庙，复外的白云观。当然那时北京公交枢纽大体也建在二三环间，市内公交只开到此，接下去的公交车都是三位数的郊区车了。因此说北京城里人的活动范围大体到此为止。从这里可以看出老北京人活动范围除了城内大体就在今天的三环内。记得80年代初，三环之外还是大片大片的农田。

其实那时紫竹院的意义要远大于此，大清朝的时候，在现在园子的西北角设有行宫和码头，清乾隆年间在此仿修具有江南水乡风光的芦花渡，俗名"小苏州芦花荡"，并在现址修行宫，原有匾为"福荫紫竹院"。紫竹院由此得名，光绪年间重修。那时皇室人员去颐和园一般先乘车马到这里，再换乘船走水路去颐和园，听说当年慈禧太后去颐和园也是如此，车马行于此往往就到了中午时分，太后老佛爷都要在此用膳和午歇后再转乘龙船去颐和园。为此紫竹院又成了北京城名副其实的地标性建筑。

前些时应朋友之邀来紫竹院小聚，踏进紫竹院时心情很是激动，旧物新景，心中就多出了物是人非的感想，想来和上回到紫竹院的时间就远去了18年。那时年轻带着孩子常来公园玩，后来则不来了，不知为什么，找不到自己与公园间互动的理由，倒是有时从公园门口路过，看着家长们带着孩子进出公园偶发出些感慨，可能人对一个事物的兴趣也分时间段吧。此次来此小聚是借了中秋，赏赏月，其实也就是找找临湖旧月的感觉。不过朋友们很是兴奋，多日不见话题无数，倒也勾起了很多的回忆，渐渐的影入船左舷那片片的竹与树，就使我想起了三十年前还是团员的时候单位组织我们来紫竹院过团日活动，那时青春年少，活力无限，举着大大扫把在园中挥舞很有挥斥方遒的感觉。倒是现在坐在船上赏月，不知是雅了呢还是老了呢，只有岁月说话，不过我想那时我和紫竹院应该是有个约定的。

下船之余也是朋友的面子，院方特意打开了还在修缮中的"紫竹院行宫"让我们参观。现在行宫由三部分组成，芦花渡，俗名"小苏州芦花荡"，后来的码头，还有明代所修万寿寺下院，更名为"紫竹禅院"。另在寺西侧修建的行宫，原有匾为"福荫紫竹院"。这组建筑是近年来收回的，在此之前为社会上单位占用，2010年重新修缮，明年应该有望和游人见面。这组院子的复归更是紫竹院名称的复归，它使这座院子不仅现代也更有了历史感，院中的那两棵五百年的古银杏树让我们感受到历史的长河，而那用玻璃罩起来的那小段古码头更见证了人间的沧桑。更为重要的

是中国古建于园林中的那种点睛和与自然相成的亲和，也正是中国文化与中国人审美心理的内在需求，所以一个中国的公园即使没有一池三山的经典设计，但只要有一组古建，有一个庙宇在其间，就能生出无限的灵气与通幽氛围，想紫竹院公园定能借势有个更大的发展。

那日有幸我们见到了园长，园长是个豪爽、敬业、爱竹的人，提起竹子他就打开了话匣子，竹的分布、竹的生长、竹的用处，说竹那真是滔滔不绝，竹就像他的孩子，爱之深溢于言表，也使竹园和一个爱竹的园长

两相搭配相得益彰。在紫竹院我们体会最深的当然是园中的竹文化，现在紫竹院已和国际竹藤组织建立起了广泛联系，经过多年的努力，特别是80年代中期，园里动员员工到全国各地找竹、引进、驯化和栽培，使得园中竹的品种大增，紫竹院现有竹120多个品种100多万株，现在公园还试种竹盆景，他们希望把美丽的竹子引入千家万户。而关于竹文化的内涵与外延，园长更是为我们介绍了他提倡的"十竹"说。所谓的"十竹"说就是知竹、爱竹、听竹、颂竹、写竹、画竹、食竹、用竹、品竹、赏竹，内容

丰富，可说是个竹文化系列，从"十竹"中我们感受到园长发扬光大竹文化的雄心。

都说紫竹院是块风水宝地，别处种不活的竹在这里都有好的生长，过去在华北地区能成活的只有早园竹，而剑竹、斑竹等很多竹子是活不了的，但在这里我们也能看到剑竹和斑竹，在我们的细访之下得知，所谓的宝地说其实就是他们对竹的精心呵护。而为了让游人能观赏到紫竹院的紫竹，园方也试着引种，但紫竹在北方生长的不是很好，使我们不能观赏到大片的紫竹。而传说中园中的老住户——紫色芦苇，园方更是到全国各地寻找，后来在辽宁找到，像宝一样地请回园中在湖边试种，但紫苇并不给老家人面子，长势也不好，这也使游人不能一睹紫苇的风采，但我们希望在不远的将来

福荫紫竹院古银杏

秋恋

紫竹和紫苇能在紫竹院公园共同成长，让传说与现实、历史与今天共同诉说。

月上树梢，远处不时地传来歌声，月光之下，我知道那是一些业余的音乐爱好者，联想着下午紫竹院公园东门处一拨拨群众合唱队，很有些感慨，一座庚子年间被八国联军劫掠而荒废掉的院子，今天重新被建设成一座主题鲜明优美的人民公园，我想在这里感谢公园的建设者和管理者，感谢我们生活在这个美好时代。

（作者系北京作家协会秘书长）

文/李培禹

写给紫竹院公园

多少次路过你的身边,
匆匆,也曾不经意地望上一眼。
像是家里熟识的亲人,
用不着外人般嘘寒问暖。

也曾寻访长宁的蜀南竹海,
也曾到过吉安的万顷竹园。
忽然想起我居住的北京城里,
也有一个以紫竹命名的公园。

曾在你的绿荫下复习功课,
从这里我跨入了大学的校园。
曾在你的竹林中与她低声细语,
初尝了相恋的青涩与甘甜。

还曾站在你的船头放歌,
那豪情惊得鱼儿跃出水面。
湖面上荡起的一圈圈涟漪,
录下了一代人的青春誓言……

今天,当你迎来六十周岁华诞,
我也徒有一顶"诗人"的头冠。
我要再一次走进你的竹海,
用笨拙的笔写一首献给你的诗篇。

今天的你已拥有一百三十多种竹品,
无愧荣膺北方最大的竹子博物馆。
修葺一新的紫竹行宫也喜迎游客,
那可是当年慈禧太后的专属乐园……

我还想把管理者的一句话告诉朋友,
它朴实无华,算不上诗的语言:
"虽然不收费,服务不打折!"——
这,才是紫竹院人书写的最美诗篇!

(作者系作家、诗人,《北京日报》副刊部高级编辑,中国作家协会会员)

文/夏君波

紫竹院里话今昔

园之史

金代燕京发水源，
明朝御舟别港端。
清掺南国芦花渡，
兴袢福荫紫竹院。
几遭战乱破不堪，
逢春甲子壮年亚。
幽雅闲成天然趣，
以竹取胜金不换。

园之竹

幽篁百品华此冠，
广引博种四十干。
罗汉佛肚金镶玉，
阳光林浴紫竹园。
名人名画名诗篇，
自古有的约事连。
低碳竹屋赋新意，
环保文化再行先。

园之荷

岸上观荷诗画篇，
波中一游方体验。
质性神貌皆无比，
不怪古今佳话传。
观音禅院台青莲，
花粉叶绿青春远。
竹荷逢展二十届，
弘扬中华和谐篇。

园之石

神州石的遍满园，
虽由人作宛自天。
节平翠绿叠祥云，
连梅虹桥群峰径。
笋剑云举又穿天，
将帅对垒胜项悬。
皱漏瘦透天然美，
硕石金字紫竹院。

园之景

翠竹迎客恭万竿，
千叶色姿若江南。
亭台楼阁廊轩榭，
河湖峡池绕岛盘。
山红涧碧春牡丹，
紫御荡波夏荷莲。
枫叶凝紫秋海棠，
雪映松竹冬耿兰。

园之东

紫气东来万竹浸，
绿毯诗韵丁香连。
若无每日八方客，
躬身笑竹为哪般。
轻歌曼舞随处见，
更有游人寻景观。
萌亭缘话竹君处，
范曾楹联美林言。

紫竹院里话今昔

园之特
虽由人作宛自天,
三湖两岛壹澳舍。
巧于因借精体宜,
八大美景佳话传。
箫声醉月八宜轩,
跨海东征筠石苑。
友贤山馆斑竹篱,
江南竹韵行官院。

园之南
科普小屋乐筠轩,
便民举措新发展。
太湖石突牡丹放,
山花烂春童乐园。
竹韵餐厅叙紫前,
郭老题字寻当年。
山丘溪林颇野景,
望湖山房曁澄鲜。

园之北
跨海东征棋理玄,
江南竹韵长河炫。
竹深荷静斑竹篱,
友贤山馆绿云轩。
翠池梦溪别洞天,
山石水竹松筠涧。
清凉卷秀湘水神,
筠石苑造园中园。

园之西
十年数年囤广源,
昔日紫竹马尾兼。
月牙河水记史实,
新生在此六十年。
一堤两桥彩虹般,
亭旁垂钓赛神仙。
福荫禅院修缮毕,
壮观再起紫御湾。

园之中
荷花渡船亭道荃,
青莲岛外三桥连。
眺望各景登览翠,
赏诗评画八宜轩。
西堤昂首石径盘,
箫声醉月袅如烟。
楼廊轩坡古藤架,
明月岛上想翩翩。

园之爱
争创京都历史园,
一干群同谱爱心篇。
一草一木如家待,
近邻闹市却不染。
赏景博识民喜欢,
重点公园居其间。
关爱和谐责至上,
共迎明日凯歌传。

（作者系紫竹院公园党委书记）

春游紫竹院

紫竹院公园位于首都体育馆西侧，中关村南大街最南端。公园始建于1953年，因园内西北部有明清时期庙宇"福荫紫竹院"而得名。公元三世纪时，这里是高粱河的发源地，系燕京水源之一。明代万历五年（1577年），在湖北岸兴建紫竹院庙宇，为万寿寺的下院。过去传说观音菩萨居住在南海紫竹林，这座供奉观音的寺庙因而得名。到了清代这里是帝王的行宫，曾于光绪十一年重修。全园占地45.73公顷，其中水面约占三分之一。南长河、双紫渠穿园而过，形成三湖两岛一堤一河一渠的基本格局。园中有大小湖泊三个，两座小岛，五座拱桥把湖、岛、岸连在一起，桥、廊、亭、榭，点缀其间，紫竹院公园共栽有10余种竹子，16万余株，成为一座以水景为主，以竹景取胜，深具江南园林特色的大型公园。

文/王鹏训

免票不免责　管理上台阶

新中国成立初期公园建成之前，由于园区多年荒废，湖面淤积，荒草遍野。当时北京市政府要求在紫竹院原有的基础上，因地制宜，建成一座郊野公园。经过近60年的建设，紫竹院公园已经形成以山形水系为骨架、以竹荷文化为特色、常年举办文化活动、服务质量不断提升的面向全市的综合性公园。

2006年7月1日，按照市政府的统一要求，全市有12个公园实行免费开放，紫竹院公园是其中之一。如今又是六个年头过去了，实行免费开放后，公园发生了哪些变化？服务质量和环境质量有没有受到影响？公园管理方式又有哪些转变呢？回顾一下这段历史，重新审视走过的道路，还是很有意义的。

一、在公园免票前后公园做了大量准备工作

收了几十年门票的公园忽然免费开放了，从干部到职工都有个接受过程。为此北京市公园管理中心领导带领有关的处室，专门召开了两次会议，宣传做好免票工作的意义，统一相关人员的思想，听取公园准备工作的汇报。一开始公园领导的思想都没转过弯来，两次会议后情况有了转变。为免票开放制定的方案也越来越贴近实际、越来越实用具体。

公园管理处明确提出了五个不变、五个不降低的标准和要求。五个不变是：公园继续贯彻执行《北京市公园条例》不变；公园各门区管理不变；园容卫生管理标准不变；公园开放时间和静园时间不变；继续走文化建园的方针不变。五个不降低是：管理水平不降低；服务接待能力不降低；绿化养护水平不降低；职工服务热情不降低；职工工作标准不降低。

思想统一了，认识到位了，剩下的工作就好做了。在正式实行免票开放之前，公园组织职工对园容设施进行维护和增设，考虑到大人流的出现，增加了路椅、果皮箱，对草坪进行围栏，路口处增设了指示牌，对狭窄的道路进行拓宽修整。对原有的建制进行调整，售票人员调整到导游、巡视等岗位。

还有一个重要的事情就是算账。公园免票后，原有的收支平衡发生了变化，政府和北京市公园管理中心都要加大对公园的支持力度。一方面公

园利用游人量增加，积极办好游船、游艺和商品销售，尽量创收；另一方面市财政对公园票务损失进行了补贴。这对稳定职工队伍、保持园容绿化水平起到了巨大作用。

公园免费开放后，确实出现了令人担心的问题。公园游人量剧增，小商小贩增加了，路椅上躺满了午间休息的民工，进入草坪、偷钓鱼等违反公园条例的行为大大增加。针对这些情况，公园管理处顶住压力，对症下药，在提升服务上下功夫，用行动争取游客的支持，逐渐稳定住局面，情况慢慢好转。

到年底的时候，公园所做的努力见到了成效。职工队伍稳定，管理水平没有降低。一些外地的公园纷纷前来学习免票开放的一些做法和体会。正像免票之初有人说过的那样：作为售票的公园，紫竹院的工作很难超越颐和园、天坛这样的大公园，但是免票后，紫竹院就成了北京市公园管理中心系统内的头一个，具有了特殊性，其工作成绩大家认可、游人满意。在当年的评比中，紫竹院公园也进入了先进的行列。

二、坚持服务管理水平不降低

免票后的紫竹院公园并没丝毫降低管理标准，反而在各项工作中，提出了更高的要求。他们在免票初期"五个不变"、"五个不降低"的基础上，又提出"五个提高"：即提高职工综合素质；提高服务接待能力；提高机关办事效率；提高景观环境养护水平；提高网络化管理理念。要求全园干部职工在公园服务管理标准上坚持做到以"一流的服务、一流的管理、一流的形象、一流的队伍"为标准开展好各项工作，并明确提出了"提升游客幸福指数，打造免票公园行业示范"的口号。

近几年公园注意推进环境建设、文化建设、职工队伍建设和精神文明建设，中心和公园自身在硬件建设上的投资没有降低，在诸多方面都取得了进展，有些已经走在其他公园的前面。

（一）精心组织基本建设项目

1、道路透水铺装工程。公园大湖每年需要从南长河中补充地表水60万立方米用于景观用水和绿地灌溉。比较干旱的年份还需要另外申请用水。在河水干枯的季节只能用自来水给植物浇水，而雨季到来时，很多雨水径流进入排洪河道，既造成了很大开支，也没有很好的利用自然条件对雨水进行合理有序的利用。为充分开发利用水资源，缓解本市水资源紧缺状况，改善水生态环境，响应市政府倡导的建立"节约型城市"的号召，公园进行道路铺装工程。总投资为897主要工程内容是：拆除混凝土路面4244.48立方米、拆除块料面层13180平方米，透水砖铺装31200平方米；绿地恢复4095平方米；山石挪移安1279吨；预埋雨污管线276米。

2、水榭及明月岛景区改造工程。该项目包括拆除原有建筑面积约1400平方米，新建建筑面积783平方米，工程改造道路、广场及绿化调整面积约9900平方米。新建建筑形式为仿古建筑，规模和占地面积均不超过原有建筑。工程总投资为900余万元。该工程竣工后，起到了融合公园内长河南、北建筑的风格，为游人休憩活动提供方便条件，进一步完善了公园设施，在一定程度上改善了水榭及周边地区的景观和使用功能。

3、紫竹院公园大湖防渗治漏工程。紫竹院大湖的环境生态用水需要从城市河湖补水计划中争取而来，由于数量有限，不能满足紫竹院公园的用水需求。供水的不足和湖区自身的渗漏成为了紫竹院湖区缺水的主要原因。由于补水不及时导致缺水，湖水深度不够，使游船经常无法正常营运，影响公园景观。公我园在2011年底进行了大湖减渗治漏工程的施工。工程内容主要包括：减渗治漏工程施工面积约为1.89万平方米，共铺垫红粘土4700立方米，平均垫土厚度25厘米。因本工程为大湖局部施工，在澄碧山房与水榭之间搭设一条长186米的桩膜围堰，围堰平均高度2.6米。湖底还铺设了一条长260米的30对电话缆。该工程于2011年12月竣工，彻底解决了湖底渗漏的问题。

（二）修缮修复紫竹禅院行宫与周边院落等文物景观

在很多人的心目中，紫竹院公园只是一个有山有水的现代公园。其

紫竹院节日花坛

实，这里有很多历史古迹，建于明代紫竹院庙宇，为万寿寺的下院。过去传说观音菩萨居住在南海紫竹林，这座供奉观音的寺庙因而得名紫竹禅院。到了清代这里是帝王的行宫，曾于光绪十一年重修。现在是海淀区文物保护单位。2008年在完成的公园文保规划中，规划设计单位和公园对现存的这组古建筑进行了现场勘查实测、对历史档案和文献资料进行认真、仔细地收集和整理，并请市文研所于2009年对全院落进行了三期的考古发掘，基本摸清了行宫院落布局，由文保设计所进行了修缮修复方案设计。

此次修缮修复工程的原则：用"千年风景、百年竹韵、皇家禅院、人间福地"的建设、管理、经营、发展的理念，对紫竹院行宫及周边院落进行修缮、修复和利用，尊重现存建筑遗存和按照以行宫院落制式、民国风貌进行修复为主要原则。

工程的主要内容包括修缮建筑1902平方米，修复建筑面积1349平方米，室外配套工程及庭院绿化完成院内甬路铺装2000余平方米，修复禅院前广场260余平方米。室外铺设了暖气、强弱电、雨污管线、消防等管线，展室内有烟感、监控设备，室外有消防栓等安防设施，行宫及禅院前广场安装了景观照明系统。院外与市政污水接通新作公厕48平方米，配套提升井、泵和化粪池、污水管线等设施。

在做好基建项目的同时，公园着手研究了大量的历史资料，多次进行实地考察和论证，最终确定了《紫竹禅院佛像雕塑工程方案》，佛教造像设计创作者为著名雕塑家、中国美院教授、国家一级美术师赵树同教授。紫竹禅院的建成开放将给紫竹院公园这个市属唯一的免票公园注入新的活力和动力，进一步丰富了游客的游览内容，极大地提升了公园的文化内涵和历史价值。目前布展进展顺利。

（三）景区改造方面每年都有新变化

2009年，公园对东区大草坪进行了更换，更换面积10000余平方米，营造了绿草如茵的景观效果。2010年，公园完成了《全园绿化调整改造工程》，重点对四君山东部、橙碧山房后的景区进行了改造，因地制宜，引入大量植物，同时配合地形改造，修复了杂乱的山体，受到游客的喜爱。2011年，公园对进行了《青莲岛园林景观改造工程》，解决了山土裸露，水体流失，植物杂乱等绿化问题，对原青莲岛景观进行了进一步美化。为了恢复福荫紫竹院的景观效果，2012年至今，公园进行了《福荫紫竹院周边园林景观改造工程》一期、二期工程，对院内进行了绿化改造，栽植、调整玉兰、

花前廊下

油松、丁香等乔灌木100余株，栽植早园竹、紫竹、金镶玉等品种竹3000余株，同时对山门景区进行了改造，现在景观已初具规模。

免票以后，公园不放松对绿化景点的管理工作，尤其公园以竹为特色，以竹造景，在竹品种的引种和管护上继续加大力度，从常州、扬州、河南等地新引入竹种80种，目前公园有品种竹110种，竹子约89万株，达到了大竹成林，小竹覆盖的景观特色。

（四）加快游乐场、游船的增添更新，受到游人欢迎

市属公园大都是历史名园，园内有很多文物古建，不适于开展游乐等活动。而紫竹院的游船游艺项目每年都吸引大量游人。近年来公园引进儿童喜欢的项目，游乐场新添"花果山漂流"、"激光战车"、"海盗船"、"欢乐喷球车"等九个新项目，游船则逐年淘汰旧式游船，同时更新160条游船。正是游船岗位技术含量越来越高，游客需求越来越大，才在这个岗位上成长起来一位先进人物：党的十八大代表、全国劳动模范、游船班青年班长朱利君。如今，朱利君正带领他的团队，忙碌在平凡而又神圣的岗位上。

（五）发挥公园特色开展科研、科普活动

近年来，公园结合实际开展了对相关的课题研究，相续完成了《北京地区竹种及品种适应性及主要病虫害的研究》、《免费开放式公园游人行为与

公园管理措施的关系研究》、《紫竹院公园景观水体生物催化净化技术示范项目》及《北京地区竹类的引种及景观营造技术研究》等课题,提高了公园竹子栽植及养护管理水平,通过对公园湖面景观水体的监测和有效治理,明显改善了水面观赏效果。免票后,公园利用自己的优势,加大了对科普知识的宣传工作,举办宣传保护生物多样性、保护水体、植株爱竹等科普活动200余次,接待社会团体到公园植树植竹30余次。2012年,为了更好的向游人宣传科普知识,公园新建科普小屋,全年共举办科普活动6次、科普讲座3次,新建设科普小屋一座,购进科普设备6台,科普图书550余册。

游人自发文化活动

(六)公园文化活动丰富多彩

紫竹院公园充分发挥自己的园林特色,常年举办各种文化活动,丰富市民的文化生活。最吸引人的是一冬一夏两大特色活动。冬天的是冰雪活动,公园把冰面充分的利用起来,冰上的活动丰富多彩。有溜冰、冰床、冰上自行车、冰滑梯等项目,从早到晚,人流不断,把本来萧条的冬季,搞得热热闹闹,丰富多彩。很多项目都在全市领先。夏天的活动是竹荷文化节,每年都举办,已经形成巨大的影响力。在绿竹幽幽、荷香淡淡的植物背景下,既有对竹子荷花文化底蕴的挖掘宣传,也有市民喜爱的文艺演出、展览展示。百姓免费进入公园游览休闲,还能欣赏到文艺演出和各种展览,当然高兴满意了。

除了这两项大型活动,公园其他活动也经常不断。值得一提的是每年一次的民族舞大赛,由于借助周边民族大学和舞蹈学院的力量,把公园内甚至周边公园里的文化团体动员起来,每次都搞得有声有色,亮点频出。远在香山、北京植物园的团体都来报名参赛。

公园还重视对自发健身锻炼群体的服务,积极协调各团体关系,提供各种便利,公园从早到晚生机勃勃,欢声不断,真成了百姓的精神乐土。

三、紫竹院公园免票开放带给我们的思考

(一)公园不管是否售票,都应始终注重景观与环境建设,突出公园特色,全力打造绿色公园

紫竹院公园的景观特色是由历史变迁和1953年建园时的规划两大因素形成的。特别是建园时在充分利用园中湖山资源的基础上,走中国自然山水园设计之路,着力表现出自然山水园林的特质,形成"看水景,赏花木,游曲径,观叠石,坐游廊"的紫竹院特色,一直得到了很好地保护。公园着力控制新建筑,全力保护山形水系,疏浚河道,广植花木,使景观特色得以保护与延伸。

公园的植物特色是在广植北方树种的基础上,突出竹子与荷花的特色。近几年新引入竹种80种,目前公园有品种竹110种,竹子约89万株,达到了大竹成林,小竹覆盖的景观特色。在大量引种的同时又与世界竹藤组织合作,在公园内利用各种手段宣传竹子的相关知识,使公园成为华北地区乃至全国知名的竹类养殖、宣传阵地。园内的湖中遍植各种荷花,每到夏季,荷香弥漫,是北京重要的赏荷地点。园内的亭台楼阁,其取名大都与竹荷有关,

绿毯诗韵

每年一度的竹荷文化节，更是将竹荷文化推向高潮。

景观特色与植物特色也决定了公园的文化特色。公园注重开展以植物为特点的文化活动，把植物包含的蕴意与传统文化传播结合起来，充分利用牌示、阅报栏、LED显示屏等手段加以宣传与展示，受到游客的欢迎。公园还注意扶持游客自发组织的健康有益的活动，提供各种便利，使公园形成了既丰富多彩又特色鲜明的文化活动系列。

正是这些突出的特色，使规模面积、历史内涵、知名度都比不上北京那些大公园的紫竹院，游人量每年递增，游客反响良好，政府和上级机关满意，实属不易。

（二）公园必须始终坚持以游客为中心，以服务为宗旨，全力提升服务质量

紫竹院公园作为北京市公园管理中心所属的一个单位，在免费开放、承受巨大压力的同时，加大了职工教育、环境建设、景观改造和文化建园的力度，严格执行服务规范，在为民服务上绝不打折扣。北京市公园管理中心承诺为市民免费办的九件实事，列入了当年北京市政府为民办实事的折子工程。紫竹院公园至今严格执行，为游人提供免费的轮椅、小药箱，游客中心提供饮水、咨询服务和导游册，厕所全部提供手纸、洗手液与烘干机。在此基础上，公园还在全市公园中率先为游客提供开水，受到好评。几年来，紫竹院公园牢记"提升游客幸福指数，打造免票公园行业示范"的承诺，确实做到了五个不降低，保证了公园持续发展。为免费公园的管理和发展，起到了示范作用。

（三）免票公园需要政府支持

政府的支持是免票公园能够发展的重要条件，这种支持是由市发改、财政部门通过市公园管理中心支持公园这样的途径实现的。市属公园都是差额预算的事业单位。公园免票后就失去了最重要的收入来源，没有政府的支持很难继续发展。从2007年紫竹院公园免票后，北京市公园管理中心对公园的拨款逐年增加，近年进行的重大项目比如道路透水铺装工程、水榭及明月岛景区改造工程、紫竹院公园大湖防渗治漏工程、紫竹禅院行宫与周边院落等文物景观修缮等，所需资金也由北京市公园管理中心支持。正是政府资金的投入，促进了公园管理水平的提升和公园环境的改善，是政府为民办实事的重要体现。

（四）多方面努力增加市民绿色空间

这件事也从另一个角度告诉我们，增加市民的绿色空间，不是仅靠免费开放老公园就能解决的。实际上北京市现有注册公园343座，收费的不到20%。要想让百姓享受更多的绿色休闲空间，更多的是应该结合旧城改造，增加绿地面积，同时集中资金把原来的一般性绿地，升级改造为环境美、设施全、离家近的休闲公园。还有就是结合郊野公园的建设和风景名胜区建设，发展郊区游、农家乐，让有需求的市民在休闲时有更多的选择。

今年是紫竹院公园建园60周年。相信这座古老而又充满生机的公园，能够越办越好，成为北京西北一颗滋润翠绿的宝石。

（作者系北京市公园管理中心主任助理）

公园免票后接待游客量情况：

年度	游客量（人）
2006	4314123
2007	6534709
2008	5788340
2009	6734229
2010	6952299
2011	7878339
2012	8190665
2013上半年	4941117

文/杨晓方

公园文化与文化景观

广义的文化概念,是近代中国接受西方现代科学成果后由古老的"文化"一词衍生出来的现代含义。而狭义的文化概念,则更多地体现了中国传统的文化观念。对园林而言,其实践活动创造了有别于原始自然的人类生活境域,是实实在在的物质创造过程,应属于广义的文化范畴。园林文化的分类是按一定的原则、标准对概念的排列与组合。以紫竹院公园为例,按时间分可分为:历史文化(福荫紫竹院)、现代文化;按文化价值体系分可分为:主导文化(竹文化)、亚文化;按政治地位分可分为:皇家文化(行宫、长河)和民间文化;按文化价值分:科普教育价值的文化、审美价值的文化、消遣娱乐价值的文化;按景观类别分:建筑文化(亭文化)、叠石文化、长河文化、竹文化、荷文化、楹联文化、石刻文化。

长河观柳

竹文化： 竹，自古以来被我国人民视为民族气节的代表，是一种美丽、实用而又祥瑞的植物。人们历来喜爱竹子，在长期生产生活实践和精神文化活动中，把它的生物形态特征总结升华成了一种做人的精神风貌，称它有"刚、义、柔、忠"四德，并被列入人格道德美的范畴，其内涵凝聚了中华民族坚贞、谦虚、旷远、高达的文化心理，形成了民族品格、禀赋和美学精神的象征。这是一种取之不尽的精神财富，也正是竹特殊的、别具一格的审美价值和审美观念所在。竹子向来是园林中重要的植物材料，现存的江南古典园林中有不少竹子造景的范例，如网狮园的"竹外一枝轩"、沧浪亭的"翠玲珑"、留园的"碧梧栖凤"、个园的"春山"等等，紫竹院公园运用竹子造景主要采用了以下几种手法。

一是竹与石： 石是古典园林中不可缺少的元素，究其原因可能是当时的文人爱石成癖又爱竹成癖，故把两者放到一起来配，有时也把水引入，共同构景，成为"钟情山水，知己泉石"的体现。紫竹院公园的绿云轩就是一处以竹石造景的景点。竹构的主景是"绿云轩"和曲栏相连的"听竹亭"，座落于翠池东岸，居高临下，轩亭四面竹林茂密恍若一片绿云飘落。竹亭名曰"听竹亭"，其意为竹子生长快，快到可以听到竹子拔节的声音。东面的框景石上，正面刻有苏东坡《於潜僧绿云轩》诗："可使食无肉，不可使居无竹。无肉令人瘦，无竹令人俗。人瘦尚可肥，俗士不可医。旁人笑此言，似高还似痴。若对此君仍大嚼，世间哪有扬州鹤。"

夜月：1984年，著名雕塑家关玉璋创作于紫竹院明月岛。

二是竹与水： 修竹与弱水的呼应和配合是最能创造思远而心高的精神之旅的。竹子可以在岸边，也可以栽于湖中小丘上，形成湖中的小岛丛林。另外，竹子还可以与瀑布溪流组合，园内"江南竹韵"景区，以江南名竹反映主题，以竹与水为主的配置，充分展示竹与水的文化内涵，以少胜多，以奇取胜，归真返朴，追求自然。景区内有4条小溪弯曲自如，穿行于挺秀的竹林之间，"竹节溪"三叠三落，"石上溪"收放有序，"箬竹溪"潺潺而下，"韵峡溪"忽隐忽现，步移景异，使人恍若置身江南水乡。

三是竹与其它植物： 植物在中国园林中，除了产生视觉美之外，还有对自然、人生的领悟与哲学态度。紫竹院内的"三友观瀑"景点是用人面

公园文化与文化景观

跨海东征：1994年，著名女雕塑家石宜创作于紫竹院西北门附近。

竹、杏梅和油松种植在一个人工两叠小瀑布前形成的景点，老、扭的松树枝干在述说着岁月沧桑，一季一季的花开花落是浮生的喜怒哀乐，表达出"岁寒三友"的意境。

四是竹与建筑：公园内的友贤山馆是一处由厅、轩、游廊和围墙组成的具有苏州宅园特点的建筑。山馆楼轩错落，廊桥通连，层见叠出，布局活泼丰富。建筑群与山池花木竹子交织穿插，水非一水，馆中水面被建筑一分为三，既分且合，由廊桥及水洞沟通内外，给人以深远的遐想；山非孤山，馆中主山之外，缀以余脉，精选特置之石，分列池边，以收剩水余山之效。山馆之建筑与山水、竹林结合得非常自然，水乳交融，浑然一体。建筑为中国南方传统形式，与四面环山翠竹、前院涓涓溪流交相呼应，颇具南国风情。在此基础上还借助语言文学艺术和绘画艺术，通过景名、匾额、楹联等形式着力渲染、宏扬竹文化，营造富于诗情画意的园林意境。

五是竹子造景的意境创造：竹文化对竹子造景的产生和发展起了很大的推动作用，竹子造景的意境创造亦以竹文化为基础，一般通过"诗书画印"、"竹子比德"、"历史典故"等精神性建构予以表现。审美主体在欣赏诗词、绘画、书法艺术的同时，还可领悟其中蕴涵的历史文化和园林意境，拓宽了竹子造景的审美信息量。如"八宜轩"景区在翠竹夹径中设"竹韵景石"，既有山之神韵，又是文化艺术的载体，并将"风竹"、"雨竹"、"霜竹"、"雪竹"四幅名画镌刻其上，同时配以诗文、篆刻名印，寓绘画于竹景中，暗扣八宜轩"宜风、宜雨、宜霜、宜雪，四季景色宜人；可诗、可书、可画、可吟，一日不可无君"的主题，使绘画艺术和空间艺术得以完美结合。此乃诗书画印。又如"竹子比德"源于先秦时期流行的"君子比德"思想，以及在此基础上形成的"人化自然"哲学。竹子虚心、有节、坚韧、挺拔的自然属性特别适合人们的雅致情趣，人们将自身感情融入竹子，将竹子作为"清高、气节、坚贞"的象征。公园内的"四品石"就是体现这一情感的景点。竹林边一组散点的假山石上，分别刻了四个尺方篆字——"刚""柔""忠""义"。其意为："劲本坚节，不受雪霜，刚也；绿叶萋萋，翠筠浮浮，柔也；虚心而直，无所隐蔽，忠也；不孤根以挺

聆涛亭

耸，必相依以擢秀，义也。"画龙点睛，提醒、引导游人去领悟竹子的优秀品格，深化了园林意境的内涵。此乃竹子比德。再如紫竹院的"斑竹麓"取材于"湘妃竹的传说"。一泓碧水边伫立一对抽象雕塑，背后是大片斑竹林，象征娥皇、女英哀立洞庭湖畔，遥望苍梧，扶竹恸哭，泪洒翠竹。此乃历史典故。

荷文化：中国是荷花的故乡，古往今来，莲荷与国人的生活结下了不解之缘，也逐渐形成了情趣盎然的"荷花情结"。从最初的简朴民间信仰到深刻的社会思想，再到后来系统的佛、道、儒三家文化，荷花的象征意义被不断借用和重新赋予。紫竹院公园荷花湖的位置，早在明代就是一片荷塘，游人到双林寺时便可欣赏寺外池塘中荷花景观。在明代，观荷采莲之风盛行，相传农历六月二十四日是荷花的生日，满荡的荷花盛开，成群结队的红男绿女们驾船荡上赏荷，并边饮酒边吟诗，有的还"画船箫鼓"为荷花拜寿。

叠石文化：叠石作为园林建设的物质要素之一，一半天工，一半人工，天人参半，合作而成，虽然用石材料少，篇幅不大，结构简单，但却可达到以少胜多、以简胜繁。清凉罨秀是园内最大一处叠石景观，因景置石虽有敲打，也是顺纹缘理，不露痕迹。点景石体形巨大，形态古朴，色泽晶莹，浑厚雄劲，起伏照应，把景点缀得旷貌幽深，极富天然风情。石峰底下溪流蜿蜒而过，显得处处空灵。石峰上石涧高下盘旋，连绵不断，具有岩壑曲折之幽，峰回路转之趣。

亭文化：亭是紫竹院公园中构成景物的灵魂。园内凡有佳景处都可见亭，画龙点睛，为景色增添色彩和气质，使景观更富有生气和活力。因此，亭与公园环境的和谐构景、与时代文化的审美交融，在紫竹院公园景观设计中不容忽视。紫竹院公园中亭的选址大致分为几种方式：一是临水建亭：菡萏亭建于荷花涧边既可观赏水面的景色，又可丰富水景效果，与满湖的荷花相对应，游客自可体味"月移竹影疑仙苑，风送荷香度画廊"的意境。二是山地建亭：揽翠亭建于紫竹院全园最高点，可登高远眺全园，真所谓"纳千顷之汪洋，收四时之浪漫。"三是平地建亭：平地是公园中不可缺少的用地，它虽不具有山水一样的风光和神韵，却别具一格，另有情趣。在平地上多因借景而建亭，"缘话竹君"景石旁建萌亭，借花间石畔、绿荫草坪、万杆翠竹，烘托出竹君气度。

佛教文化：紫竹院在明代是一座小型庙宇，万历5年（1577年）由皇室出资进行扩建作为万寿寺的下院，成为皇家敕造庙宇仅为皇室服务。清乾隆年间，因庙中供奉观音，遂称"紫竹禅院"。后在庙的西侧建"福荫紫竹院"行宫，至清光绪十一年，重建"福荫紫竹院"，并改建成道院。

长河文化：长河历史源远流长，上可以追溯到周朝，发源于"平地所出"的泉眼群，长河在提供湖水补给的同时又展现了美丽的水乡风光，可泛舟悠游，并与北面的西花园、畅春园相通。至乾隆时期长河两岸有各类寺观40余座，园林景观10余处，其中著名的寺观包括万寿寺、福荫紫竹院、昌运宫、大慧寺、双林寺等。当时长河两岸广植桃树、柳树，每到春夏之季，两岸柳绿桃红美不胜收，留下"天坛看松，长河观柳"的佳话，直到现在，紫竹院公园一带还保留着这一古韵遗风。

文化是随着人类社会的发展而不断发展变化的，每个时代都有属于自己的文化。紫竹院公园拥有多层次的文化景观，作为文化和历史的载体，她必然反映出独具特色的文化底蕴。作为园林工作者，我们要在不同的时代留下不同的文化符号，让中国传统园林艺术在世界园林的舞台上继续流光溢彩。

（作者系紫竹院公园副园长）

紫云舫

2013年是紫竹院公园建园60周年，也是公园稳步推进"十二五规划"建设的重要一年。公园以"强基础、创典范、抓机遇、谋发展"的工作标准，以"周到、热情、高标准"的工作要求，着力提升公园服务管理水平。

文/王丽辉 徐鹤

以人为本抓实效
管理服务铸亮点

公园数字监控系统

近年来，在上级领导的支持和关心下，在广大干部职工的共同努力下，紫竹院公园坚持科学建园、规划发展的方针，以打造全国公益性示范公园为中心，以强化服务与管理为重点，站在建设世界城市的高度，牢固树立"以游人为中心，以服务为宗旨"的理念，始终把"五不变、五不降低"和"五提高"作为服务管理的标准，在服务中实施管理，在管理中体现服务，使市民在免票公园享受到与收票公园一样的服务与环境。圆满完成了2008年奥运会、残奥会期间的任务和国庆60周年的游园庆祝活动，先后获得了上级部门颁发的一系列荣誉。

紫竹院公园服务管理工作之所以取得一定的成绩，一是领导高度重视。公园实行免票开放以来，市委、市政府及市公园管理中心对紫竹院给予了高度重视和特别关注，在资金投入、政策支持、人才培养、队伍建设等方面不断加大力度，极大地推动了紫竹院的发展建设速度。北京市领导多次到公园视察调研。中心领导多年来一如既往地支持紫竹院

紫竹院晨雾

公园的发展建设，极大地鼓舞了全体干部职工的工作热情，进一步提高了公园的服务管理水平。二是引导游客参与管理，实现"大家公园大家管"。公园一方面坚持以人为本，加大投入力度，不断完善、更新园内服务设施，增加服务项目，提升服务质量，定期进行路椅、垃圾桶、牌示、围栏等基础设施的增补与维护，积极落实市政府为民办实事九项免费工程，并结合自身实际新增手机充电器、擦鞋器、雨伞、拐棍、开水、打气筒、禁带物品免费寄存、智能手机导览系统、挂衣架等九项具有公园特色的免费服务项目，另一方面注重搭建互动平台，通过聘请社会监督员、定期召开园内各类团体座谈会、组织游客健身比赛和文艺演出、完善投诉接待工作流程、成立紫竹院公园非紧急救助服务站等方式，加强公园与游客之间的互动，调动广大游客参与公园管理的热情。在近年进行的游客满意度调查中，游客对公园管理、绿化、经营、服务及景区环境的满意率平均达到92%以上。三是坚持文化建园，不断挖掘文化内涵。公园注重加强文化品牌培育，深化"一园一品"建设，截止目前已经成功举办了20届竹荷文化展。同时，积极打造竹文化品牌，突出竹文化特色，逐步推出知竹、爱竹、写竹、画竹、赏竹、品竹、听竹、颂竹、食竹、用竹等十项系列文化活动，丰富公园文化内涵，提升公园文化品味。此外，加大了与国际竹藤组织、北京市体育局、海淀区政府、紫竹院街道等各类国际组织、社会团体、属地政府的合作，适时举办各类学术交流、科普宣传、健身娱乐等文化活动，体现公园作为公益事业的辐射作用，初步探索出一条适合免票公园群众文化活动的新思路。

夯实基础，创造便利游览环境；以人为本，提高服务管理水平。

服务设施建设。公园选定北门区作为改建五种语言全景图工作的试点，即：中、英、俄、韩、日。改建后的全景图方便了广大中外游客。同时，

植竹护绿

公园在北门内外广场、东门、西南门等处设置LED大屏幕，滚动播出公园导览、游园须知等相关公共服务信息，起到了引导游人游园的作用。另外，近年来逐步更换园内仿竹铁艺路椅200余个，新增、更新、调整各类指示牌示300余处，新增仿竹隐形护栏千余米。在公园门区、主要景点及卫生间等处设置无障碍通道20余处，在有条件的卫生间开辟第三空间，方便异性亲友陪同行动不便的老人和幼儿等特殊人群使用。

门区微笑服务。公园将AAAA级旅游景区、国家重点公园标准及一体化管理体系认证工作要求融入到服务管理工作中，持续开展"把微笑挂在脸上、把游客放在心里"的主题活动，重点强化"进园第一印象工程"建设，严格按照"主动、热情、方便、周到"的标准，为每一位游客提供贴心的服务，提高游客满意度和公园的美誉度。同时，要求门区优质服务要做到："十个一点、五个到位"。"十个一点"即对游客友好热情一点；与游客交流亲切一点；为游客服务耐心一点；对困难游客多帮一点；对工作环境爱护一点；与游客说话微笑一点；处理问题客气一点；同事间团结和谐一点；对工作积极主动一点；专业和文化多学一点。"五到位"即态度到位、技能到位、方式到位、细节到位、效率到位。同时加大培训力度，不断提高门区服务人员的服务意识和技能水平。通过开展形式多样的培训活动，提升全园职工的主人翁意识和爱岗意识，让职工在岗位上真心露出微笑。

非紧急救助工作。非紧急救助服务工作为公园与游客搭建了沟通的桥梁，使服务与被服务者之间形成良好的互动，逐步形成大家公园大家管的良好局面。在制度建立上，进一步完善了免票开放后公园非紧急救助服务工作规章、工作流程和投诉接待要求，明确了投诉站等责任部门，定期召开社会监督员座谈会，定期进行有针对性的游客调查，及时获取游客的建议和需求；在处理投诉上，各门区和各主要窗口公布投诉电话，游客服务中心设立投诉接待室，管理科、行政办公室、管理队、服务队、游船队、游艺队、经营队分别设有游客投诉接待站，做到层层化解矛盾、解决问题。

导游讲解服务。完善讲解服务制度，着力做到导游讲解形式多样、覆盖面广，内容准确生动，服务针对性强。公园免票开放后，每年坚持对园内的导游讲解员进行培训，与区旅游委建立常年培训计划，并邀请专业老师和公园老领导、老专家来园授课，力争让游人在游览过程中更好地领略到竹文化内涵。近几年，公园充实专业导游人员力量，使导游讲解、游览咨询等服务项目扩展至中、英两个语种。同时，进一步完善了公园的导游讲解词，印制两种语言游览图，向游客免费提供。

环境卫生维护。公园严格按照卫生标准开展全

竹品种展示

方位的文明清扫和文明保洁，进一步加强时差保洁的工作力度，特别是重点地段的卫生管理，做到旅游高峰期和午间保洁不断线，创造了干净、整洁、清新、优美的公园环境。同时按照《市属公园厕所建设管理规范》的要求，加强厕所保洁人员知识教育，提高保洁人员服务意识，更好地为来园游客提供服务。

今后，紫竹院公园决心在市公园管理中心领导的支持下，以"优质服务、干净整洁、文化繁荣、平安和谐"为总要求，增强责任感和紧迫感，解放思想，转变观念，抓住机遇，乘势而上，以"一流的服务、一流的管理、一流的形象、一流的队伍"标准开展好各项工作，提升游客幸福指数，为争创免票公园行业示范做出贡献。

（王丽辉系紫竹院公园副园长）

（徐鹤系紫竹院公园管理科科长）

紫竹

漫漫寻竹路

文/范卓敏 赵钰

早园竹

紫竹院公园建园初期为一郊野公园，以植物造景为主，其中竹类植物是公园的特色植物。20世纪50年代公园在中山岛（现为青莲岛）和北山岛（现为明月岛）栽植数墩青竹，即早园竹。为使紫竹院名副其实，自20世纪60年代就明确提出要引种紫竹。紫竹其秆深紫色，竹叶翠绿，与其他竹子有着截然不同的观赏特点，在冬季雪后其园林景观效果更佳。紫竹宜作钓鱼竿、手杖等工艺品及箫、笛、胡琴等乐器，是观赏与实用并重的竹种。受文革动乱的影响，真正落实引种紫竹是20世纪70年代。1972年我们首次赴四川灌县（1988年更名为都江堰市）引种紫竹，从1979~1983年，连续5年引种四川灌县紫竹。

紫竹生长于四川灌县的山区里，当年赴四川找紫竹是相当艰难的，上山一天要走上百里山路，穿越数个山头，山里植物茂密，经过上百年的植被演化紫竹数量不是很多，当找到秆色深紫的紫竹时，人们一天的劳累完全抛到脑后，个个十分兴奋。正因为紫竹稀少显得尤为珍贵，加上紫竹生长环境的特殊使得引入北方栽植的成活率较低，为此公园每年都要派专人外出引种紫竹。

1991年，为了增加公园的紫竹数量，我们前往甘肃省去探寻紫竹的原产地。根据紫竹的生长习性，我们认为甘肃天水一带气候很适合紫竹的生长。记得当年已是12月了，天气寒冷，到达天水市经过多方调查了解，得知在甘肃的徽县和成县可能有紫竹。甘肃徽县，山青水秀，位于甘肃的东南部，地处秦巴山地中的徽成盆地。我们为寻找紫竹踏遍了一个个山林丘陵，这天天气突然变化下起了雪，天寒地滑，开车司机已年近花甲，为了能找到紫竹依然带我们上山。那时的山路坑洼不平，路滑且险情不断，经过跋山涉水，穿过一座座山，望着山里茂密的植被，终于眼前一亮，看见了生长在山坡上的紫竹，深紫的竹秆，翠绿的竹叶，在夕阳的照射下宛如阿娜多姿的仙女，我们顿时感到一股暖流充满身心。甘肃的紫竹高度都在5米左右，与四川紫竹相比要高大一些，竹秆更为深紫或黑紫。那年公园从甘肃徽县引进紫竹2000余株，紫竹的引种成为我一生中永远难忘的艰辛里程。以后公园又派技术人员多次赴浙江金华、河南确山等地大量引种紫竹，使公园的紫竹数量已达1万多株，主要植于福荫紫竹院、西南门内东南、东区大草坪附近、竹韵餐厅东侧的竹种展示园等景区景点，也成为游客来到紫竹院公园必赏的佳境。

中国是竹子的故乡，是世界上竹类植物的起源和现代分布中心之一。据记载全世界竹类植物约有80余属，1200余种，我国是世界上竹类植物资源最丰富的国家，现有竹类植物43属700余种(含引栽属种)。紫竹院公园有着引种竹子的历史，然而大部分竹子原产地在长江以南，对雨水要求量大且喜潮湿的环境，而北方地区栽植竹子必须靠人工灌溉补充竹子对水的需求。因此，引种竹子成为一个重要课题，引种初期也遇到各种难题。比如20世纪70年代从江苏、浙江引入紫竹、斑竹、实心竹、锦竹、金镶玉竹、玉镶金竹等竹种，春天栽植后成活较好，当年冬季许多竹子就会被冻死。为此，南竹北移告诉人们成功与失败并存。

20世纪80年代开始，紫竹院公园扩大了竹子的引种数量，1983年从河南省博爱县引进筼竹、斑竹、甜竹；1984年又从湖南岳阳县引进斑竹、实心竹、佛肚竹、方竹、罗汉竹、龟甲竹；1987年从河北省涉县引进巴山木竹700多株，但由于竹子的适应性问题，一些不耐寒的竹种没能存活下来。总结经验后，我们开始有选择地引种竹子，广泛搜集适合北方地区生长的竹种，同时在公园创建了20多亩竹种驯化基地。在竹种的筛选上注重观赏竹的价值，从竹子的观赏部位分为观秆类、观叶类及观姿类。如罗汉竹其竹秆基部或中部以下数节畸形缩短，节间肿胀或缢缩；佛肚竹竹秆较大，秆及枝节间短缩肿胀呈佛肚状，这些竹的主要特点是秆形奇特。而像紫竹、斑竹(湘妃竹)、黄秆乌哺鸡竹、金镶玉竹等竹秆色泽鲜明；白纹阴阳竹其叶片宽大，间有较宽的黄条纹,色泽鲜艳；菲白竹和黄条金刚竹的叶片绿色具明显的白色或淡黄色宽条纹。凤尾竹形如凤尾，小琴丝竹新秆和老秆金黄色均有艳丽的纵条纹。正是这些不同之处，形成不同的竹景观和观赏效果。

为给竹种创造良好的生长环境，我们采取了搭设风障、冬季加盖树叶土牛粪等防风保温措施。为充分表达观赏竹的特色，2011年我们创建了占地面积约3300平方米的紫竹院公园竹种展示园，将30余个观赏价值高的竹种或品种在公园中心区集中进行展示。其中有观秆的黄纹竹、斑竹、紫竹、黄秆京竹、罗汉竹等；有观叶的菲白竹、白纹阴阳竹、黄条金刚竹等；有观姿态的橄榄竹、矢竹、箭竹等，成为公园竹种展示的精品区。为让游客能近距离观赏到每个竹种，我们精心设计游览步道，并用竹制地板作为甬路，天然的竹制地板与竹子相互映衬，采取自然迂回的设计手法，穿插于各个竹种之间，给人以不同的视觉景象，实现了游人零距离的识竹、赏竹和品竹。

近五年紫竹院公园为了实现"大竹成林，小竹覆盖"的园林景观效果，每年增加竹子数量，并在园内大面积种植地被竹品种，主要有箬竹、菲白竹、翠竹、黄条金刚竹、铺地竹等，还增加了适合盆栽的竹种20余种，使公园竹种与品种达到了120个。其中公园景区景点栽植竹子12属43种，近百万株，栽植面积达8万余平方米。

同时，公园在景观建设上，十分注重竹文化景观的创建，将竹文化的内涵融入景区景点的建设之中，形成了文化建园的亮点，如缘话竹君、八宜轩、箫声醉月、斑竹麓、江南竹韵、友贤山馆等十多处。其中筼石苑已成为20世纪80年代以竹造景的成功范例。然而筼石苑建造初期也有不同的声音，大片竹子的种植，初期生长势较弱，春季干燥的气候竹叶干枯，园林景观不佳，一些专家也持否定态度。为此，公园在竹子养护管理上狠下功夫，在栽植、浇水和施肥技术措施上严格把关，经过3年的努力，随着竹子地下竹鞭的生长，孕笋量增多，每年以20%的出笋量增加新竹数量，且新竹的粗度和高度明显高于栽植的母竹，竹林景观发生了巨变，五年之后筠石苑竹景观带给游人别样的感受，一封封赞美筠石苑的来信如雪片飞来，人们赞美和肯定以竹造景的筠石苑，处处流溢着诗情画意，由衷地感叹"美丽的紫竹院"！

（范卓敏系紫竹院公园高级工程师）

（赵钰系紫竹院公园园林科技科副科长）

紫竹院部分竹品种介绍

1. 早园竹
生态习性： 全秆光滑、薄被白粉。箨叶狭，披针形或带形。
紫竹院内分布位置： 全园。

4. 筠竹
生态习性： 秆渐次出现紫褐色斑点或斑纹。竹材匀齐劲直，柔韧致密。
紫竹院内分布位置： 西南门附近、文化广场

2. 金镶玉竹
生态习性： 其秆金黄色，具不规则的绿色纵条纹而不同于原变型。
紫竹院内分布位置： 清凉罨秀、东门一区西北部

5. 紫竹
生态习性： 新竹绿色，密被白粉和刚毛，当年秋冬即逐渐呈现黑色斑点，以后全秆变紫黑色。
紫竹院内分布位置： 东门入口附近、西南门附近

3. 斑竹
生态习性： 秆有紫褐色斑块与斑点，分枝亦有紫褐色斑点。
紫竹院内分布位置： 东门一区草坪、斑竹麓

6. 白纹椎谷笹
生态习性： 混生型竹种。节下常具一圈白粉。叶片披针行，绿色，具白色纵条纹，先端渐尖，微弯曲，两面无毛。
紫竹院内分布位置： 竹种展示园

紫竹院部分竹品种介绍

7. 白纹阴阳竹
生态习性： 尾梢下弯，下部挺直；叶片线形，先端渐尖具粗糙钻状尖头，基部近圆形或楔形。
紫竹院内分布位置： 竹种展示园

8. 菲白竹
生态习性： 矮小竹种，叶片小，披针形，叶片绿色而具明显的白色或淡黄色条纹。
紫竹院内分布位置： 小东门、青莲岛、南门草坪

11. 黄秆乌哺鸡竹
生态习性： 乌哺鸡竹的栽培种，竹秆全部为硫黄色，中下部几个节间具1或数条纵条纹。
紫竹院内分布位置： 竹种展示园

9. 菲黄竹
生态习性： 竹秆矮小，嫩叶黄色，具绿色条纹，老后叶片常变为绿色。
紫竹院内分布位置： 青莲岛

12. 罗汉竹
生态习性： 部分秆的基部或中部以下数节极为短缩而呈不对称肿胀，或节间于节下有长约1cm的一段明显膨大。
紫竹院内分布位置： 竹种展示园

10. 翠竹
生态习性： 矮小竹种，秆高2-3cm,每小枝具叶4—10枚，叶片小，两列状排列，翠绿色，披针形，无叶耳，具白色长肩毛。
紫竹院内分布位置： 南门草坪

13. 黄纹竹
生态习性： 有显著的纵肋。纵槽黄色。
紫竹院内分布位置： 竹种展示园。

14. 花叶苦竹
生态习性： 幼秆厚被白粉。每节分枝3—5枚，叶片披针形，下面具微毛，无叶耳及繸毛。
紫竹院内分布位置： 竹种展示园。

景观 | 阅古楼

文/徐 新

福荫紫竹院的前世今生

"福荫紫竹院"亦称"紫竹禅院",位于紫竹院公园西北侧,是一座明代时期所建的庙宇,距今已有400多年的历史。1992年9月被海淀区政府确定为海淀区"文物保护单位"。

福荫紫竹院银杏

福荫紫竹院景区是随着广源闸的建成而形成的。据史书记载：广源闸始建于元朝，形制是座不能启闭的石桥。当时的紫竹院是一座庙宇，庙南的水面形如月牙，俗称月牙河，东口通连长河，往西绕过广源闸，西口再与长河通连。这种水系状况恰好是设坞藏舟，过闸换船理想的天然条件，所以这里当时又称"别港"。而紫竹院靠近广源闸，隔闸即为万寿寺，特殊的地理位置正好满足了这个要求，为皇帝乘船出游提供了极大的方便。

皇帝乘船出游，史书早有记载。如记述元代历史的《析津志》书中载："肃清门广源闸别港，有英宗、文宗二帝龙舟。"《燕石集》也载："英宗、文宗两朝御舟，藏广源闸别港。"元史卷一百八十五《盖苗传》也载有："文宗幸护国仁王寺（即今长河北岸的北京图书馆所在地），遂泛舟玉泉。"

明代，皇帝乘船游西山，也是经由长河，在广源闸别港转闸换船。

到清代，皇帝在北京西北郊陆续建设了多处皇家园林，如圆明园、畅春园、清漪园（颐和园）、静明园、静宜园等，所以，皇帝乘船出游的次数更多。

在第一历史档案馆保存着与福荫紫竹院相关的奏案。在乾隆十六年五月初七"奏为长河两岸工程拉运木植所派车辆事"的奏案中可以看出，五月初七长河工程处人员已经到任，并且开始调度运输车辆了。再结合"奏为长春桥至小白石桥等处工程用过物料工价银两事"看，这本奏案提到，"乾隆十六年五月内遵旨长春桥至小白石桥等处开挖湖泡建造殿宇"。通过这份奏案可以得出结论紫竹院行宫始建于乾隆十六年（1751年）五月，距今262年。

从乾隆十九年三月初八"奏为长春桥至小白石桥等处工程用过物料工价银两事"这本奏案可以看出，紫竹院在乾隆年间进行了大规模的扩建，工程内容包括：开挖湖泡一处，新建报厦正殿一座计四间，房三座计七间，方亭一座，六角亭一座，游廊六间，平桥一座，码头一座。龙王庙南岸开挖湖泡一处，新建正殿一座计三间，房三座计四间，六角亭一座，游廊十二间，船坞一座计十八间，平桥一座。北岸开挖湖泡一处，新建正殿一座计三间，报厦正殿一座计四间，方亭一座，六角亭一座，木桥一座，桥亭一座，游廊十九间，码头一座。

在乾隆十九年三月初八"呈长春桥至小白石桥等处工程用过物料工价银两清单"中写道，"长河工程银两来自两淮、两浙、广东、福建进贡银36万两，其中长春桥至小白石桥用银4万8千3百1两九分2厘。"

福荫紫竹院修复图

嘉庆朝军机处上谕档记载了几条与紫竹院相关的事项，其中比较有趣的一条是：在嘉庆十八年九月初四，御史德恒奏报，绣漪桥下发现溺毙一男一女，这件事交到刑部了。由于过去从高梁桥以西长河一带，不准人行，因为官工拆去了部分河岸，就很难禁止行人了。皇帝就此事批示，在长河沿岸扼要处添设堆波，作为巡查之用。这本上谕给我们提供了两条线索，一是长河沿岸在清朝是不准百姓进入的，这就解释了古籍资料中没有记述紫竹院内部景观的原因，二是长河沿岸堆波设置的时间和缘由。

到清光绪年间，庙宇已年久凋敝，进行了重建。重建紫竹院开工于

民，同深欢怅"。碑文记载了臣民通过重建福荫道院以表对皇太后慈禧及皇上光绪帝的崇拜之情。

被囚年代的光绪皇帝曾多次来过紫竹院。在《清宫档案》的光绪皇帝《起居注》中，光绪十八年三月二十五日载：

"二十五日癸未，卯刻，上诣紫竹院少座，龙王庙拈香。诣乐寿堂慈禧端佑康颐昭豫庄诚寿恭钦献皇太后前请安，驾还涵殿。"又，四月"二十六日甲寅，上诣紫竹院少座，

光绪九年（1883年）七月，竣工于光绪十一年九月，历时三年余。光绪十一年（1885年）十一月十五日《重建紫竹院碑记》（此碑原卧放于紫竹院大湖北岸闸口处，1973年修桥用石已将此碑砸碎。本文所引碑文系事先拓印，但字迹模糊，个别字可能有误）中有详细记载。

在《重建紫竹院碑记》立碑的同时，还立有工部尚书潘祖荫撰写的《福荫紫竹院碑》。在福荫紫竹院碑文之中，对重建福荫紫竹道院表述了其原旨："即以焜耀于兹寺者则有报恩楼焉，所以恭祝皇太后、皇上万岁万岁万万岁，亿万慈仪圣裕，符泰皆於三台，鸿号显扬，播徽音于万国。皇上承颜有禧，介福无疆，薄海臣

诣乐寿堂慈禧端佑康颐昭豫庄诚寿恭钦献皇太后前请安。午刻，奉皇太后幸颐乐殿侍晚膳毕，跪送皇太后还乐寿堂。驾还玉澜堂。"

类似这样"紫竹院少座"的记载，从光绪十八年至光绪二十二年的5年间，达29次之多。

到光绪二十年（1894年），慈禧准备于60诞辰在万寿寺拈香礼佛、祈祷长寿，但见紫竹院南岸岗阜景色荒秃，便下令依山势遍植各色秋菊，取名九花山，呈现出了一派秀丽的风

景，使这所庙宇名噪一时。

清朝末期，政治腐败，官员昏庸，屈膝外国，割地赔款。紫竹院也随着清朝的国衰而败落，房屋任风雨剥蚀损毁。

1900年，八国联军侵占北京，紫竹院惨遭洗劫，庙宇、行宫、花草树木，破坏殆尽。

辛亥革命（1911年）以后，清朝灭亡，为示优待，给废帝溥仪保留了故宫后部的住处，紫竹院也仍归逊清皇室的财产。为弥补皇室开支的困

院内长廊

难，1920年皇室曾将紫竹院的房屋和庙外土地，出租给民户王敬玺一家，每年租金银元300元。故宫博物院的《废帝档案》中存有出租批文。

1924年6月，逊清皇室为了讨好京畿卫戍司令王怀庆，决定把紫竹院行宫送给王怀庆作为私产，以此投靠权势保护自己。6月28日正式清点交割，并由内务府发给"执照"，以为信守。但数月后爆发了第二次直奉战争，属于直系的王怀庆被任命为第二军的中路司令，率兵出喜峰口迎击奉

军。兵败，奉军进驻北京，紫竹院即被奉军占据，作为"炮兵司令部"。1928年6月奉军撤走，"北京"改称"北平"，划为中央直属特别市。在机构改组中，新成立的西郊警察分署下辖的保安三队进驻紫竹院。1937年7月，日本侵华，占据北平。保安三队解散，日军进驻紫竹院，对外挂牌称"天然疗养院"。1945年，日本投降，随即国民党受降接管北平，紫竹院又进驻了国民党的军队，称为"空军疗养院"。1949年北平解放前夕，国民党军队撤走，紫竹院成了一座空庙，无人看管。

连年战火，使紫竹院行宫中的寺庙、房屋、陈设荡然无存，园子荒芜冷落得如同一片野地，到北平解放时，紫竹院的建筑遗存仅有报恩楼、前殿、山门区以及东西跨院的部分房屋，其它近百间殿房均已无存。目前庙后长河南岸，尚有两处石砌码头遗迹尚可凭吊。

1949年北平解放后，中国人民解放军军委二局迁入空庙紫竹院作为办公地点，二局后改为三局，又改为总参三部。1952年，总参三部迁往新址，紫竹院又成为总参三部幼儿园用房。不久，北京市规划局将总参三部幼儿园全部用地划入紫竹院公园绿地范围内，为此北京市园林局从1979年以来多次与总参三部协商，将此院交给公园。1979年秋，总参三部后勤部答复需以同等面积土地、房屋对换。1980年公园将以上情况分别向市建委、计委及规划局业务部门做了汇报，同年底，市计委同意将总参三部幼儿园搬迁征地项目列入1981年市基建计划之内，投资60万元。终于，1983年7月底总参三部幼儿园迁出紫竹院，全部土地、房屋、树木及设施移交给公园所有。公园正式接管旧址后，对院内房屋进行了全面整修：将前殿彻底落架重建，恢复了殿宇原貌，并请当代著名书法家为报恩楼题写了匾额，外悬之楼名大匾为赵

福荫紫竹院修缮后

朴初题写，内悬之楼名大匾为爱新觉罗·溥杰题写；楼外抱柱之楹联，为赵朴初书写：

佳气迓三山紫竹清风澄俗虑
烟波临一水杏花春雨启诗情

报恩楼是福荫紫竹院的后罩楼，为上下各九开间的两层楼房，南向，砖木结构，墙体磨砖对缝，上为青瓦覆顶，建筑精美，雕梁画栋。现建筑为清代光绪十二年（1885年）翻修全庙时重建者，距今已有110年历史。

1983年紫竹院公园开始对福荫紫竹院遗址进行修缮，门前近湖台阶青石撤去，大门前台阶归安见新，亮出垂带；阅台地面翻新重做，原地面砖不够，用水泥砂浆仿古砖代替，放中间，两侧对称用旧砖；阅台前砍墙拆除重做，做法仿颐和园武圣祠；围墙局部损坏按原样恢复；大门前甬路照原样重做；传达室窗口拆除恢复原貌；檐子局部损坏翻新恢复原貌；油漆彩画正三间做苏式彩画，两旁卡箍头；东大门及围墙年久失修，拆除重建缩小院落。

1984年1月对报恩楼进行补充修缮：报恩楼楼上打隔断做旅游会议接待室；原有楼上吊顶保留，粉刷见新；报恩楼下做展室；报恩楼外装修，恢复原有苏式彩绘。

1984年3月北京市园林局及紫竹院公园对福荫紫竹院再一次进行补充修缮：报恩楼上层廊地面恢复原木地板；全院电缆入地。

2009~2012年历时4年，紫竹院公园行宫与周边院落修缮修复工程完工。工程分为修缮、修复和室外配套工程及庭院绿化三个部分。修缮部分包括对福荫紫竹院东跨院、西跨院。修复部分包括行宫院内东西配殿、游廊、二道门、禅院二进房、东西配房等。室外配套工程及庭院绿化包括修复禅院前广场260余平方米、修缮行宫前广场和行宫大墙，种植各种乔灌木和花卉，此外还铺设了暖气、强弱电、雨污管线、消防等管线，展室内设有烟感、监控设备，室外有消防栓等安防设施，行宫及禅院前广场安装景观照明系统。

从此，福荫紫竹院又得到了进一步保护，获得新生。

（作者系紫竹院公园编写组组员）

文/成喜安

我爱紫竹院

北京的公园琳琅满目各具特色。天坛、颐和园等皇家园林，以典雅的园林艺术，精美的历史文物而闻名于世；陶然亭、玉渊潭等现代园林又以各自的专题特色吸引各方游客的目光。而我最爱的还是朝夕相处30多年的紫竹院公园。我最喜欢她，是因为亲眼目睹了公园30多年来的巨大变化。

1978年之前，长河以北大部土地还是农业用地，还有几家农家小院。后来开始征收土地，搬迁农户，在此建成以竹石为主要景点的"筠石苑"。昔日的农家菜园，如今变成拥有上百余品种，几十万株竹子的华北第一竹园，各个景点相映成趣。如那竹石相拥"竹深荷静"景区，远处巨大的雕塑，犹如两个头戴斗笠的少女走来。再一细看又像一个巨大的"竹"字耸立眼前。这个雕塑寓意着一段美好的爱情，娥皇女英姐妹千里寻夫的故事。飞瀑高挂，巨石鳞峋的"清凉罨秀"景区，又是一番幽谷野趣的景象。筠石苑十几处景点各具特色，都给我留下了美好的印象。

我爱紫竹院，她不仅有深厚的文化底蕴，还有传奇的故事。

紫竹院公园解放前是一片荒郊野岭。1953年北京市政府决定在此挖湖堆山建设一座现代公园。因西北处有古建筑"福荫紫竹院"而取名紫竹院公园。然而紫竹院公园不是因为有紫竹而得名，慕名而来的游客不知其中缘故，来公园游览都想一睹紫竹的风采。建园初期公园就想引种紫竹，但因不知从何处购买而迟迟没有实现。直到1967年，公园的一位有心人发现邻居家阳台上有一根紫竹杆，就主动询问。原来房主人是一位地质工作者，前几日刚去四川考察，在山中随手取一紫竹杆做手杖，一直带到北京。不想这根紫竹手杖为紫竹院公园首次引进紫竹提供了一个重要信息，公园马上组织人员去四川采购。据当年去采购的同志回忆，当时的困难比想象的多得多。他们先找大队干部说明情况，再介绍到小队带他们上山挖竹，然后又人抬肩扛运到山下。到县城火车站还有20多公里的路程，又找手扶拖拉机托运到火车站。办理托运又遇到麻烦，人家说还没有托运竹子的先例。我们的同志耐心给人家说明竹子对公园的重要，请求人家帮忙解决。一片诚心打动人心，破例办理邮件，装入邮政车皮运回北京。紫竹院公园首次引进紫竹成功，紫竹院公园从此名副其实。

我爱紫竹院，还因紫竹院和我国大文豪郭沫若有一段传奇佳话。

公园东门外园名石上"紫竹院公园"五个大字是郭老留下的墨宝。郭老为紫竹院活鱼食堂题写的匾额复印件就挂在竹韵餐厅的大堂墙上。可郭老对紫竹院的关注远不止这些。那是"文革"早期盛夏的一天，郭沫若同志来到紫竹院公园的荷塘边观赏，盛夏的荷叶本应密实，簇拥荷花，呈现出一幅美丽的画面。而此时的荷塘内，荷叶稀拉，大煞风景。郭老从陪同的公园领导那里了解到，北京当时卖肉的包装主要是荷叶，公园的荷叶都卖给肉店做包装了。郭老说："荷塘是公园很好的景观，是多少钱也买不来的。"从此公园的荷叶再也没有做包装之用，还不断引进新的荷花品种，加强培育养护，公园的荷塘越来越美丽，成为紫竹院公园的一大招牌景观。

"竹雨松风琴韵，茶烟梧月书声"，这是古代文人追求的人间仙景。请来紫竹院吧，这里的美景别有一番韵味在心头，相信你也一定会爱上紫竹院的！

东门

（作者系紫竹院公园退休干部）

紫竹院竹林

文/董军梅

"紫竹"原为铁竿荻

紫竹院公园是一座以竹取胜、以竹造景，兼古典园林与现代园林特征，北方园林与江南私家园林相融的自然山水园。慕名到紫竹院公园参观游览的市民，多是为观竹赏竹，或是为找寻紫竹的踪迹。然而，紫竹是不宜北方生存的竹种，紫竹院公园的竹子也并不以紫竹取胜，那么为何公园以"紫竹"命名呢？话还得从紫竹院古老的历史说起。

从西周到西汉时，紫竹院湖为永定河流经之处，东汉时永定河改道，成为古代高粱河的发源地。紫竹院的水系经两千年的积淀，成为今日紫竹院公园风景的依托。

目前发现的资料显示，最早的"紫竹院"一词出现于清顺治年间，清初诗人王熙的诗，题目即为《紫竹院》；清初禅师释道忞北游集《京都城西紫竹院放生社序》也提到了"都城之西有紫竹院者盖内臣宗公施庄居为精舍者也……"。

较为丰富的资料始自清乾隆年间。乾隆十六年至二十六年（1751~1761年）间，乾隆皇帝为其母亲崇庆太后（即孝庄圣后）庆祝六旬及七旬寿，为满足其母亲喜爱苏州风景的愿望，乃自畅春园宫门外起，往南创建苏州街。大街的北口在畅春园宫门外和御路相接，大街的南口，在万寿寺的西墙（亦有东墙外之说）外，所有这条大街南北数里内的商店、戏院、饭馆、茶肆等，皆仿当时苏州城内风貌而建。出苏州街南口，建了一座苏州式的茶楼，名"杏花村"。对面南岸上，即是紫竹院的西河口，沿南岸往东，直到东河口，仿照苏州城葑门外朝天桥港汊"芦苇深处，水乡风光"，种满芦苇，乾隆命名为"芦花渡"，俗称"小苏州芦花荡"，为"庆祝万寿点景之所"。为的是乾隆母亲游览了苏州街后，在长河北岸"杏花村"茶楼饮茶，再渡河至南岸游览芦花渡。清乾隆年间修建小芦花荡时，将元、明时期的"别港"改建为"紫竹禅院"，在"紫竹禅院"的西侧建"福荫紫竹院"行宫，作为帝后皇亲乘船游颐和园中途休息之处，长河两岸因此成为繁华之地。至于"紫竹"二字之来源，是因为芦花渡的芦苇。紫竹院当时并无紫竹，由于这里的芦苇移自江南名叫"马尾荭"，北京俗称为"江南铁竿荻"，较卢沟桥西所产的铁竿荻还坚数倍，每到秋末冬初，荻秆经霜后呈现出紫黑的颜色，放眼望去，宛如一片茂盛的紫竹林，此时又因改为僧刹，添供观世音菩萨，而观世音住的地方是中国佛教四大名山之一的普陀山紫竹林，清·陈淏子著《花镜·卷五·藤蔓类》写到"紫竹，出南海普陀山，其干细而色深紫，段之可为管箫"，故据景寓意，就更名为"紫竹禅院"。紫竹院之名遂由此诞生。当时，官民们习惯地称为"紫竹院行宫"或"行宫院"，自此，连带周边地区都以"紫竹院"相称，紫竹院也因有形的庙宇建筑而得名。

20世纪70年代，紫竹院公园引进了包括紫竹在内的多种竹子。紫竹为传统的观秆竹类，秆高4~8米，直径可达5厘米，幼秆绿色，密被细绒毛及白粉，箨环有毛，一年生以后的秆逐渐出现紫斑，最后全部变为紫黑色，无毛，颇具特色。其生长习性喜阳，喜温暖湿润气候，稍耐寒。由于紫竹对生长环境有特殊的要求，在干燥的北方不易成活，只有在背风向阳的小气候条件下，才能保证其正常生长。目前公园共栽植紫竹5处，东门入口绿毯诗韵边缘、福荫紫竹院前、翠筠烟雨景区、北码头山坡及西南门入口，都有小片的紫竹林。紫黑色竹杆，柔和发亮，隐于绿叶之下，甚为绮丽，别有一番情趣。如今，全园翠竿累万，绿筠潇潇，有竹子品种百余，成为首都的一个特色公园。

两百年后的今天，芦花荡的踪影虽已难觅，但园内精心栽植的紫竹使紫竹院公园得以名副其实。满园的竹子，延续着人们对美好自然景观的无限向往，好一派"风过有声留竹韵，月夜无处不花香"。

（作者系紫竹院公园办公室副主任）

文/施志娟 梅子

难忘昔日活鱼食堂

1960年5月1日开业至1964年4月30日关闭的紫竹院公园活鱼食堂，是京城百姓多年的惦念，是老北京记忆链上最亲切的一环。短短4年，它留给京城百姓许多美好的回忆，也留给紫竹人诸多的追寻。在那个特殊的年代，活鱼食堂还留下了许多趣事和佳话。

昔日活鱼食堂位于中山岛东侧，面向南小湖，北临长河，在今天的茶点部位置。因为以活鱼为主料，现吃现做，故对外称之为"活鱼食堂"。店堂南北一排7间青砖瓦平房，内有10余张小餐桌，营业面积不足100平方米，中心为一海棠形活鱼池，池内放养着每天从公园湖内或其它公园捕捞的活鱼，品种有草鱼、鲤鱼、鲫鱼、鲂鱼、鳟鱼等。顾客就餐时可在池内选取活鱼，随即送入灶间加工，现做现吃，颇有情趣，很受顾客欢迎。当年来此光顾的既有寻常百姓，也有中央领导及各界知名人士，如演艺界名人新凤霞、小白玉霜、陈强等，他们不仅光顾活鱼食堂，而且还现场即兴演唱。小接待室位于今天经营队队部位置，后厨位于茶点部办公室往南竹韵餐厅北部位置。

活鱼食堂经营以活鱼为主的川鲁风味各种菜肴，有职工30余人。厨师、服务人员全部在公园职工中抽调，3个月的培训，业务技术水平提高很快。据说还专门聘请了厨师钭福，他是《大宅门》粤宗生师傅，担任活鱼食堂总指导。菜品味道以甜辣为主，有干烧松鼠鲑鱼、干烧鲤鱼、怀胎鲑鱼、五柳鱼、椒盐鱼、清蒸鱼、锅贴鱼、熏鱼、酥鱼、五香鱼、红烧鱼等近20道以鱼为主材的菜肴，不仅满足了本市顾客吃活鱼的要求，而且还吸引了许多外省来京人员慕名到紫竹院来吃活鱼。

开业之初，海淀区政府按照"普通点"设置，但随着活鱼食堂政治接待任务加重，营业面积小，食品调料不足，成为困扰活鱼食堂经营的主要问题。当时的水产办向上级反映这一情况，希望扩大营业面积，提高餐厅级别。为适应发展需要，1962年5月1日起，经上级批准活鱼食堂改为"高级点"，食物原材料得到充实，增加了菜品花样，调配了技术力量，经过老师傅的耐心指导，菜品质量进一步提高，从过去的白水炖鲶鱼、大锅熬菜，改为烧鱼、单灼炒菜，将过去的大盘菜，降低价格改成小盘菜；鱼类由过去整条大鱼出售，改为既有整条大鱼，又有按块单份，方便顾客选择，当时有句流行的顺口溜："价高份大顾客少，现在价格适当份小，配料适当顾客多。"同时服务质量不断提高，增加了开水、牙签等服务。

除日常营业外，活鱼食堂还完成了中央、市级及外宾接待任务，仅1962年就接待了59次政治任务，295人次，各级领导对鲜鱼质量非常满意。

随着国家经济的逐步好转，1963年4月，活鱼食堂由"高级点"改为"一般食堂"。为了增加收入，又开办早点，增加炸货，添设小盘廉价菜品，一鱼多做，还新添了大饼，面条、炒饼、炒饭等大众化食品。菜样也由30多种增到60多种，面向大众薄利多销。并且将餐厅前300多平米露天面积铺设洋灰砖，拓展营业面积，还添置了消毒锅，对碗具进行消毒，开创了凭证用碗的"碗证"办法，解决了碗具的丢失问题。

1964年4月，根据形势发展与业务的需要，活鱼食堂于4月30日停业。

郭沫若同志与活鱼食堂有一段机缘，他曾赋诗称赞活鱼食堂，并将湖边茅亭命名为"望鱼亭"。他还曾现场题写了"紫竹院活鱼食堂"匾额，今天公园东门悬挂的"紫竹院"几个大字，也为郭老所书。

1960年6月11日，公园收到郭沫若赠亲笔题诗的四川罗鉴中的绘画一幅，画序：且喜洋洋乐，春江水不寒；榴花红可爱，遍映绿波间。沫若先生指正，五六年六月鉴中先生写并题。

其后为郭沫若补题：此乃罗鉴中所绘画中有鱼，用补题一诗，以特赠紫竹院活鱼食堂，时一九六零年六月八日也。

鱼乐在观不在尝，回思庄惠辩濠梁。
天机活泼个中见，朝气清新分外香。
花木不移非寂灭，龙蛇之蛰在飞扬。
宜人风物均劳逸，紫竹院中一食堂。

1960年6月26日郭老又赋诗一首：
草鱼食鱼草，鱼草食草鱼。
大小鱼群来，食草观喁喁。
银中翻清波，金轮转通衢。
昂首望堤上，树底人读书。
小鱼问大鱼，其乐复何如？

诗跋：晨游紫竹院看群鱼舞，得此题赋紫竹院活鱼食堂。

在两首诗中，郭老以学者的睿智思辨和诗人才气情怀描绘了鱼群的活泼、公园的景色，抒发了鱼乐人乐的古今理趣。

虽然1964年活鱼食堂停办了，但郭老与紫竹院的缘还在继续。1973年春，郭沫若将自家院中的20

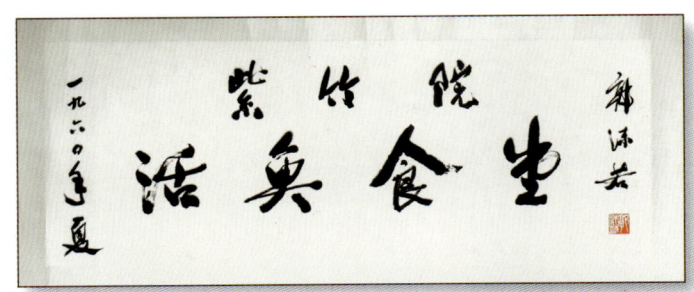

郭沫若为活鱼食堂题字

棵枣树苗送给紫竹院公园，这些树苗栽植在大湖北岸的藤萝架旁。历经几十年风雨，虽然原来的枣树不知所终，但目前仍有8棵郁郁葱葱的枣树望长河而立，成为紫竹院公园一个永久的景观。

20世纪60年代，刘伯承、陈毅、邓小平等国家领导人曾先后来公园参观游览，多次询问活鱼食堂的往事。

1982年7月2日，原中共中央总书记胡耀邦同志视察紫竹院公园，他从公园南门进园，沿大湖西岸行走问道："公园活鱼食堂还有没有？"胡耀邦同志说："五几年陪同主席来过这里，大湖东部尽是芦苇，我和主席在这里照的那张照片，现在还在玻璃板底下呢，这里风凉，很好。"

1985年10月2日，中央军委副主席杨尚昆同志游览紫竹院公园，也曾谈到活鱼食堂时，他指示公园要搞点服务项目，应有吃的地方，吃完以后再玩，游人会更多一些。

郭沫若题诗并赠送紫竹院活鱼食堂罗鉴中绘画

（施志娟系紫竹院公园游艺队队长）

（梅子系紫竹院公园编写组）

紫竹院大湖

文/董军梅 王贵元

紫竹院亭桥馆房的意境美

2008年普立兹克建筑奖获得者尚·努维尔说："建筑是以你所拥有的资源，以更有情感、更完美、更自然的方法让一个地方更富有诗意。"北京紫竹院公园为自然式山水园林，其基本格局为三湖两岛一渠一堤。园中每个部分，每个角落无不受到建筑美的光辉辐射，每个园林建筑都富于典雅美丽的神韵风致。园内竹茂荷香，翠色百种百万株，隐亭、桥、馆、房等建筑于山水之中，建筑美与自然美融糅，诗画情趣，使得园林建筑渗透着山水诗、山水画、山水散文的意趣。

紫竹休亭说情韵

亭是最富于游赏性的建筑，紫竹院公园共有形式各异的亭13座，如四方的"听初亭"，六角的"熳春亭"、八角的"聆涛亭"，及扇面的"朝晖亭"和海棠型"梅亭"等。亭的体量大小自如，构筑十分简便，高度适应各种地形地势，比如"揽翠亭"立山巅，"朝晖亭"傍岩壁，"听初亭"临涧壑，"菡萏亭"枕水流，"萌亭"处平野，"聆涛亭"藏幽林，独立自在，灵活自由。

亭造型传承传统建筑最富民族特征的屋顶精华，结构上，如单屋檐的"远亭"，重檐的"镜游亭"，其形式卷棚流畅，攒尖耸秀，如翼斯飞，形象多姿，气势生动，充分表现出传统建筑在静态中的动态之美。

紫竹院公园的亭最能体现人与自然的关系。如与轩廊相连的"笠亭"，起到为水榭画龙点睛的作用，使景境富于民族色彩和精神；又如四君山坡上的"三友亭"，于平淡中见精神，使景境富于活力和灵魂。再如筠石苑内的"听初亭"，西临翠池，绿色水面，碧波涟漪，北接绿云轩，四面茂竹青翠，独立亭中，仿佛能听到嫩竹初出拔节的声音，人与自然形成一种亲切和谐的关系，为观赏者带来宁静、自如的雅趣，感受到"唯有此亭无一物，坐观万景得观天"。此外既可安亭得景，亦可安亭成景，"听初亭"与"刚柔忠义"四景石互为对景，起着化实为虚，化景物为情思的作用，是融合时、空于一体的独特创造，水石林竹之美，备尽之矣。

紫竹院公园的亭，是最具意向性的建筑，是点景、对景，借景的重要建筑，对空间有强烈的控制力。"镜游亭"与水榭形成对景；"梅亭"与"清凉罨秀"形成对景；"聆涛亭"建在松林的空白点，与"竹深荷静"形成对景。亭与周边环境相互"对景"和"借景"，使亭子既发挥"成景"的作用，又发挥"观景"的作用。四君山景区的"四君亭"位于景区西部关键点，与东部莲花台、澄碧山房遥相呼应，并有力控制着绵延百米的四君山景区，有助于组织景区的空间网络，扩大景观的辐射面，扩展建筑意象的界域，在静穆的观照中与自然的节奏妙然契合，从而形成审美的物化境界。

建于1956年的"揽翠亭"，是公园最早建设的茅亭，位于中山岛顶峰，为园内制高点，东接"松径"西临大湖，南达"八宜轩"，视点高，景象广阔，一览园中湖光山色。小憩纳凉或漫步于苍松曲径之中，登亭徊望，俯视两湖风光，可观赏朝云初上的景象，获取"解意禽鸟，畅情林木"的境界，是一处"亭不自为胜，而合诸景以为胜"的极好借景观赏点。

紫竹院公园园景之胜，咸纳于清风纳凉之亭。亭高而明，敞而迥，既得园内之胜，又收园外之境，不仅得到流泉与菡萏的芳香，修竹的潇飒等种种景致，更能得到至美的意趣享受。

友贤澄碧的梦境

在紫竹院公园游憩与服务性建筑中，最具有代表性的建筑是以庭院空间组合的友贤山馆和澄碧山房，它们突出了建筑美的时空流动特性，平易近人、灵活有序、内向含蓄。

——长河北岸友贤山馆

位于公园筠石苑内的友贤山馆是一处由厅、轩、游廊和围墙组成的院落。它由前厅、水竹居、任风轩、游廊、茶室、二层馆组成。馆与居连，廊与轩连，廊与室连，高者楼，低者轩，浮廊跨水，汀步当桥，凿池叠石，置景自然，格调幽雅，仿江南民居半开敞式庭院，与四面环山翠竹、前院涓涓溪流交相呼应。整体布局上呈现活泼丰富、主次分明、虚实对照、错落有致的序列感，"奇葩美木，争效于前；清泉秀石，若顾若揖"，在花木、光影的映衬下，形成静美的小天地。

此建筑群与山池花木交织穿插，建筑在山池花木间，山池花木在建筑间。馆中水面被建筑一分为三，既分且合，由廊桥及水洞沟通内外，给人以深远的遐想；山非孤山，馆中主山之外，缀以余脉，精选特置之石，分列池边，以收剩水余山之效。山馆之建筑与山水结合自然，水乳交融，浑然一体，秀若天成。整组建筑采用借景手法，将联系山馆主厅与任风轩之间的过道处理为通透的廊桥，从而把北面国家图书馆面向筠石苑一侧的丰富的建筑轮廓纳入视野。廊桥的突出运用使得动观欣赏方式得到突出强化，"回廊不欲直，曲折足延步"，步移景异，使得园林营造在空间主题上突破了以往"奥"、"旷"的粗略性欣赏，而以细腻方式丰富了景观效果的塑造。建筑的空间与造型不仅与景境十分和谐协调，而且空间富有变化莫测的情趣，充分体现了中国古典建筑和古典园林对时空无限性与永恒性的追求。景物之间相互资借，增加层次，扩大园林空间，"曲廊堪展步，佳景每迎人"，游览其中感到园内有园，景外有景。庭院内外部环境的和谐统一，增强了建筑美的艺术效果。

——长河南岸澄碧山房

四君山东部澄碧山房，占地2000平方米，建筑面积511平方米，东西长50米，南北宽40米，建于1.5米的高台上，面宽16米，高9米，山房与大湖有2米高差，以两条山石蹬道左右盘旋而下，与水边石板小路相接。澄碧山房按北方四合院形式布局的庭院因山就势，背依四君山，西临碧水，24间游廊和4间爬山廊连接5间正殿，3间配房，套房鸳鸯亭，垂花门，按中轴对称的特点展开，层次分明、轩敞大方，曲直变化有序。歇山卷棚屋顶，翘角飞檐，前出抱厦，步步锦织滴窗，四面山石错落，苍松翠竹掩映，院后雕刻梅兰竹菊与植物相呼应，是充满自然美的"胜境"，体现了中国传统绘画艺术中的"画境"。筑中叠石，设置小品点缀，莳木栽花，香草带露，翠竹迎风。前廊与南北游廊相连，建筑之间的联系用回廊

沟通。游廊结合了湖景，爬山廊渗透了山景，促成了建筑丰富多样的形态，又使自身成为景观中的一部分。两面观景的空廊，一分三份景致，最大程度地使人与四君山、澄鲜湖、松梅竹菊产生共鸣，与"春山如笑，夏山如怒，秋山如妆，冬山如睡"的四君山融为一体。全组建筑采用深褐色油饰，色调质朴，清雅自然。

临湖游廊正方悬挂匾额"澄鲜"，取自南朝诗人谢灵运《登江中孤屿》诗："云日相辉映，空水共澄鲜"之意，引导游人欣赏天空水面云日辉映，空水澄清的美。另一匾"夕阳入画"，颇有"落日熔金，暮云合璧"的诗情画意，完成了对月色、云霞、夕阳的借色组景。从"澄鲜"到"澄碧山房"，从"柳荫怡情"到"夕阳入画"，著名书法家启功先生的书法修长、平正、瘦骨、清秀，增强了建筑的韵律美感，体现了深厚的文化意境。

彩虹飞架紫竹院

"波光柳色碧溟濛。曲渚斜桥画舸通"、"画桥依约垂杨外，映带残阳一抹红"，碧柳画桥，春意盎然，这是紫竹院桥景的真实写照。桥梁的建筑，是在功能与艺术相结合的前提下，以多种多样的形态，协调融合于天然风景与建筑群体之中，因而很自然地给人以画一般的意境，诗一般的

一得桥

情感。它不仅是一种具有交通功能的工程，而且也是既有美感又多情多趣的艺术作品。按照紫竹院公园的规划建设，三湖两岛一河一渠一堤基本格局中，全园共有桥梁10余座。每座桥梁像一条条彩虹凌波飞驾，每座桥都能与各景区的建设内容有机结合，颇具文化内涵。如迂回的长河上轻轻巧巧跨过一座虹桥，圆润的桥洞与曲折的河道相应成趣；"梅桥"的薄拱轻盈，凌波于杏花春雨的荷花湖上，更觉秀丽如画。有的凝重，有的轻盈，有的色彩灿烂，有的色调淡雅，在不同的环境中因景物各异，动静自殊形成不同的画面。如公园350延长米西堤上建二桥一亭，远望如彩虹卧波，近游似入花屏。堤上有越波桥、一得桥。越波桥由三块花岗岩巨石拼合而成，桥身低平，紧贴水面；南部一得桥仿苏州寒山寺枫桥形式而建，单孔拱桥，两侧各有12级台阶。桥西设游人垂钓区，有"一蓑一笠一扁舟，一丈丝纶一寸钩；一曲高歌一樽酒，一人独钓一江秋"之意境。

紫竹院公园园林建筑无一不是从景出发，在理性为主导的创作精神中，交织着浪漫的意韵，高堂广榭，曲房奥屋，与山水、植物融为一体，各有所宜，安设得所，综合构成一个美的自然和美的生活境域。那淡淡的山水，悠长的斑竹小路、散淡的点点轻舟、迷离的翠筠烟雨、凄美的缘话竹君、不紧不慢的群众活动，浓浓的闲适，追求的是理与情、人工与天趣的统一。其建筑色调风格，不求铺锦列绣、错彩镂金之美，却营造出了一种与市民公园特点相称的清水芙蓉自然淡雅之美。相比皇家大型园林，更像一曲素朴恬淡的短小牧歌，闪烁着光彩照人的智慧。

参考文献略

（董军梅系紫竹院公园办公室副主任）
（王贵元系紫竹院公园工程科科长）

对紫竹院最深刻的记忆，是在多年前到国家图书馆里查资料，案头工作之余，在紫竹院里踱几个来回，看看翠竹碧水，是对眼睛最好的保养，也是身心最大的消遣，于是脑海里紫竹院和书香、书卷气从此密不可分。

文/王践和

竹韵荷风衬书香

墨香之园

京城风景名胜区中，著名植物景观不少，香山的红叶、植物园的桃花、潭柘寺的紫玉兰、北海团城的古松柏、玉渊潭的樱花、大觉寺的银杏等等，但像紫竹院这样以植物命名的园林，却不多见。紫竹院因竹得名，赋予了园林浓郁的墨香。

在造园理念上，紫竹院突出了一个"精"字，以竹造景，以竹取胜，将竹文化做到极致。与四川长宁竹海、成都望江楼公园、浙江莫干山等知名竹景观比较，不难发现，受气候水土等条件局限，在北方若大面积竹林造景，其难度远大于南方。回溯公园历史，从1963年提出"使紫竹院名副其实"的口号，到70年代初首次从外地引植紫竹，直至今天赢得"华北第一竹园"的美誉，可以想见这"修竹满园、风篁成韵"中凝聚了多少代人的心血。

紫竹院占地面积不大，但步步有景，更难得的是景景成文。澄碧山房、青莲岛、箫声醉月、清凉罨秀……读来唇齿留香。笔者曾用园中的六处景区联成一对：

八宜轩，澄鲜湖，夕阳沫染；
一得桥，筠石苑，竹径通幽。

三教之汇

从事史志工作的人，多有引述志书、刨根问底的职业习惯。今天再次翻开十年前出版的《紫竹院公园志》，又有个新发现——这座园林的历史，汇聚了儒、释、道三教的思想。

按照清光绪十一年《重修紫竹院碑记》记载，这里原有古庙一座，名紫竹院，"乃观音大士之行宫也"。观音大士即佛教中的大悲观世音菩萨。相传浙江南海普陀山紫竹林是观音道场，这座古庙院供奉观音菩萨，以紫竹为名应属自然——是为释。

《碑记》继续写道，古庙"年久废弛，殿宇倾塌"，于是发愿募化，重建成新庙后，"供奉长春邱祖圣像……更名为'福荫紫竹道院'"。"长春邱祖"即长春子丘处机，是金末全真道掌教、思想家、道教领袖、政治家、文学家、

江南竹韵

荷花渡

养生和医药学家，相传还是北京琢玉始祖，他曾历经艰险远赴花剌子模（现阿富汗境内）劝说成吉思汗止杀东归。后世为避孔子名讳，将"丘"写成"邱"。紫竹院于是从佛教庙宇转变为道观——是为道。

如果说紫竹院与佛道的联系源于庙观，那么其与儒家结缘则归功于竹所代表的人文精神。自古松竹梅为"岁寒三友"；梅兰竹菊并称"四君子"，竹以其坚韧、谦虚、劲节的品格，被历代文人所称颂。颂竹名篇在唐诗宋词里俯拾皆是，从李杜吟咏到欧阳修，明代王阳明取竹格之，沉思其理不得，留下了耐人寻味的故事，清代郑燮那高低错落、浓淡枯荣的墨竹画，"任尔东西南北风"的《竹石》诗，以及"眼中、胸中、手中"的"三竹说"艺术理论，无不成为传奇——是为儒。

儒释道三家讲的是"正、清、和"，时下有人加上个"雅"字，认为是中华茶道的精神，其实"正清和雅"何尝不是中华园林的精神呢？

学子之乐

紫竹院公园地处的海淀区是全国著名的科技文化教育胜地，毗邻首都"经济纵轴"中关村大街，北面与国家图书馆相邻，以此为轴心向外辐射，有北京大学、清华大学、中国人民大学、中央财经大学、中央民族大学、北京理工大学等近70所高等学府，环聚着中科院等200余家各类科研机构，此外还有人大附中、北大附中、清华附中、首师大附中、一零一中学、理工大附中等重点中学。浓厚的文化氛围滋养着园林的一方水土，园林也自然而然地成为学子们的乐园。

我家孩子刚考上首师大附中，就加入了学校的"紫竹文学社"，那是北京市颇有名气的学生社团。据说是因为建社时在紫竹院搞了仪式，就以此定名。从此每当我看到学生在紫竹院游览时，心底就有一种亲切感油然而生，随之而来的是欣慰——在孩子面前，园林就是一本大教材。三五岁时，教他们爱护花木，热爱自然，尊重生命；十几岁时，教他们格物致知，君子比德，从草木竹石中汲取做人做事做学问的精神养料；待成人后，教他们从纷繁的事物堆中抽出身来，远离物欲，在园林中找回自我，找回淳朴善良的心灵本真。

紫竹院里散不尽的荷风、赏不完的竹韵，伴衬着海淀积淀了百年的翰墨书香。在推动文化大发展大繁荣的今天，在北京建设世界城市的进程中，紫竹院充盈的文化之气、书卷之气、高雅之气，必将福荫弥久，香远益清。

（作者系《北京志·园林绿化志》执行主编）

野生菊

古代的海淀，曾是京西北太行余脉山脚下一片泉眼、池塘星罗棋布，溪流纵横的沼泽湿地。其南部形成了一条不长的水流叫高粱河，现名长河。按北魏郦道元《水经注》所说，其源头为平地泉，即今日之紫竹院湖。该泉池及周边湿地，就是现今紫竹院公园的前身。别看平地泉不大，但在京城发展历史中，无论是三国时魏征北将军刘靖引卢沟水入高粱河灌溉良田万顷，金代引玉泉山水经高粱河注入积水潭，还是元代郭守敬引白浮水经高粱河连通京杭大运河，平地泉水都为之贡献了一份力量，功不可没。明代在泉池北岸修筑了福荫紫竹院禅寺之后，这块湿地有了正式名称。

文/舒志钢

野花草礼赞

历经明清的绮丽繁华和民国的衰败没落，新中国的成立给它带来了新生。据《北京百科全书》载，北京市于1952年开始修葺寺庙遗址及其泉池周边湿地，辟为紫竹院公园，长河依旧贯穿其间。经员工们半个世纪的汗水心血和聪明才智，如今的紫竹院公园已成为北京城市园林中的一颗璀璨明珠。每年约800万人次游览，充分证明了这个不大的市属公园受游人喜爱的程度。更让人高兴的是，2013年7月，福荫紫竹院禅寺又于遗址重新修复。禅寺是公园的心脏，名称的来源。至此，紫竹院公园不但又增添了一笔浓浓的传统文化韵味，而且可算是名至实归了。

紫竹院公园美在哪儿？有人说是那气势不凡的120万株翠竹，有人说是那充分体现了中国古典园林风貌的典雅格局，有人说是那湖中游船摇曳的荷花荡，有人说是那迎风飘拂的柳丝……这些都没错，但人们似乎忽视了一点，即紫竹院公园的美，还体现在散布园区各处的野花草上。

目前，许多公园开始引进和保留野花草了，而紫竹院公园管理者的目光和理念却超前了一步，他们在20世纪中后期就开始了这项工作。当时园里在引种外地花木时，无意中带进了一种叫鸡矢藤的野花草。公园管理者开始也是一见就拔，后来发现这是一种很好的地被和绿篱，就有意识地保留下来。之后逐渐保留甚至特意栽种的野花草扩大到连钱草、酢浆草、求米草、二月蓝、旋覆花、早开堇菜等等。这些美丽的野花草，使公园有了一种让游人贴近自然的亲切感。笔者住紫竹院附近，为编纂《城市野花草》一书常三天两头到公园来寻觅、观察野生植物。3年下来，笔者清点所摄图片，发现在紫竹院公园里找到的野花草竟有120种之多！要知道，这可是一个坐落在人口稠密的繁华市区里的公园，周围已没多少可发展余地，要在这样的环境中为如此之多的野花草让出生存空间，克服的困难可想而知。现《城市野花草》已出版发行，其中取自紫竹院公园的图片有60多幅，笔者在此特表谢意。感谢紫竹院公园的野花草，更感谢尽量为其留一席之地的公园管理者。公园毕竟不是菜地，而是为游人提供休闲娱乐的自然环境，以看菜地的心态把野花草赶尽杀绝是不可取的，紫竹院公园的做法值得肯定。

野花草节能环保，贴近自然，稍加管控，就是很好的地被，还保护了本土植物和生物多样性。愿紫竹院公园保有的野花草越来越多，生态越来越贴近自然，越来越美丽！

（作者系北京民间环保组织"自然之友"成员）

紫竹院野花

紫竹院公园大湖又称澄鲜湖，依山就势环湖有福荫紫竹院、青莲岛水榭问月楼、中山岛八宜轩、澄碧山房及紫竹垂钓，虹桥、梅桥、一得桥将点缀在澄鲜湖周围明珠般的景点串接起来，在不同角度都能欣赏到大湖美景。澄鲜湖上登舫赏游湖光山色亦是别有一番韵味。

文/孙 颖 孙齐炜

澄鲜湖上画中游

水榭大船

《说文》中：舫，舟师也。舫人，习水者，从舟，方声。后指舟也、船也，并连起来的两船。在园林中，舫是仿照船的造型，在水面上建造起来的一种船型建筑物。2010年5月，紫竹院公园建造了"紫御舫"，为澄鲜湖又增添了一处移动的亮丽景观。"紫御舫"结合了游船和园林观赏综合特点，是一座移动的园林景观，是供休息、游赏、会议、饮宴的理想场所。紫御舫船体为玻璃钢制式，船上建筑木质结构，全长19.6米，水线间长17.2米，型宽4.8米，型深1.3米，设计吃水0.65米，核定载人50人。船舫分上下二层，为船头、中舱、尾舱三部分。首尾舱顶则为歇山式样，轻盈舒展，门窗雕花木格栅，舱内竹木地板。船头舱内分设驾驶室和音频操作室，敞棚甲板，前端跳板与岸相连，可方便上下船；中舱面积最大，设置仿竹节硬木长桌及圈椅，可供休息、会议、宴饮，舱的两侧开长窗，观赏时可有宽广的视野；沿舱内楼梯可上二层；二层为观景平台，露天开敞式结构，仿木铁质围栏，四面开放视野开阔，近观湖光山色，远眺高楼大厦。

紫御舫遍集名家力作。登上船头，首先映入眼帘的是由我国著名书法家米南阳先生挥毫的"紫御舫"三字匾，气韵生动、潇洒遒丽。"启功的杆儿，溥杰的尖儿，舒同的圈儿，南阳的弯儿"，这最后一句说的正是米南阳先生的书法特色。在船匾两边的门柱上挂有中国楹联协会副会长蒋有泉先生题写的一幅对联，"紫竹萧声紫御舫，清风月色入君怀"，对仗工整，恰如其分地描述了登临紫御舫将感受到的美好风光。进入船舱，舱门正上方悬挂著名画家孙菊生先生题写的"紫气东来"匾额。"紫气东来"寓意吉祥，是祝愿登上船舫的客人吉祥如意，工作顺心。在匾额下方，当代著名画家刘福林所作"风、晴、雨、露"四幅竹画悬挂两侧，描绘竹子在自然生态中所表现出的不同形态。船舱中，北京一级工艺美术大师，国家级非物质遗产项目"金漆镶嵌髹饰技艺"代表性传人柏德元先生创作的两幅作品引人入胜。其中，船舱顶部的

紫御舫内景

"荷塘竹影",莲蓬饱满,荷花娇艳,紫竹清秀,是漆艺的精髓展现;在舱门对面的墙面上,是一幅"竹林七贤"木雕版画,整幅作品长1.6米,高1.5米,全部为樟木雕刻,雕工精美。作品中嵇康、阮籍、山涛、向秀、刘伶、王戎、阮咸等人物或站或坐、或癫或笑,形象栩栩如生,恣意酣畅,青山、泉水、竹林自然恬静,将竹林七贤不拘礼节、体现真我本性刻画得淋漓尽致,展现了"金漆镶嵌"工艺的美轮美奂。

置身于紫御舫,细细品味船中文化,随着画舫静静辗转于水榭、山房之间,船外湖面风光和岸边美景变换无穷;顺着木质楼梯走上二楼,凭栏而望,微风佛面,风景如画,让人顿觉神清气爽。无论春暖花开,夏柳徐徐,还是秋叶飘舞,冬日夕照,泛舟湖上,感受大自然的气息,恰似舫行碧波上,人在画中游。

(孙颖系紫竹院公园办公室主任)
(孙齐炜系紫竹院公园党委副书记)

紫竹院第十二届竹文化展花坛

华夏竹文化，源远数千年。竹以其刚柔并济的姿态完美地展示了力与美的结合，以其清新优雅的意境为文人墨客所传颂，又以其高风亮节、坚贞不渝的风骨被喻为"君子"，自古以来为世人所尊崇。以竹为表现内容的文化形式经久不息，日益发展，构筑了中华民族源远流长的竹文化，也成为中国园林中不可缺少的组成部分。

文/刘 颖

紫竹院中"竹文化"

菡萏亭

竹文化的萌芽始于殷商时代竹和竹部甲骨文的出现，竹文化的形成在西周时期至春秋战国竹简的出现，竹文化的成熟则是汉代至明清时期：一是竹纸张的发明；二是竹研究的开始；三是竹诗画的出现。大致说来，竹制器物是物质文化的范畴，以竹为表现对象的文化形式和文化心理是精神文化的范畴。竹文化的外延可确定为：除竹的生物属性以外，与竹有关的一切人类活动。竹的文化属性是通过一定的物质形态、文化形式和文化心理表现出来的，包括实用性、审美性、象征性和宗教性四个主要方面。从竹文化的表现形式看，竹制器物主要体现竹子的实用功能，以竹为表现对象的文化形式主要体现竹的审美功能和象征功能。

正因为人们对竹的喜爱，竹便成为文人雅士笔下最常见的吟咏对象之一。历代文人雅士咏竹和借咏竹以抒情言志的诗文不胜枚举，他们或咏竹之劲姿雅态，或咏竹之高洁坚贞，或咏竹虚心劲节，或咏之清丽拔俗，或借咏竹自喻品质气节，讽喻他人事理，抒情言志……透过这些咏竹诗作，我们不仅可以看到翠竹之劲姿雅态，感受到竹给人们带来的清爽恬静，还能从翠竹的坚节虚心、忠直不阿的品质情操中受到启迪，而且可以从中看到中华民族直节不屈的民族气节，这大概是咏竹诗作永恒的魅力之所在。因此，咏竹成为我国历代文人雅士长盛不衰的高雅风尚，也成为我国诗坛绵延不尽的诗歌主题。咏竹的诗文不仅是我国传统诗歌艺术中重要的组成部分，而且也是我国传统文化中的核心层面之一，它不仅是作为诗歌艺术流传至今，更重要的是它体现出我国古代士大夫阶层的文化心理和范畴，蕴涵着中华民族直节不屈的民族气节，推动了我国

李苦禅紫竹院中画作

古代绘画、雕刻、园林、盆景等多种艺术的发展，是我国传统文化艺术宝库中极其宝贵的精神财富，对丰富我国传统竹文化的内涵并推动其向前发展具有非常独特的作用，对中国传统竹文化的形成发挥了巨大的推动作用。

竹文化不仅在中国传统文化中占有重要的地位，而且也是传统中国园林文化的重要组成部分。纵观中国文化史，早在数十万年前，竹子已在中国土地上存在，是中国最古老的植物品种之一，并早已进入了人们的物质生活和精神生活领域，成为民间艺术不可或缺的一朵奇葩。

紫竹院公园即是一处以展示竹文化为主题的自然式山水园林。20世纪80年代，公园为突出竹园特色，先后建成了以竹石景观为主的"筠石苑"景区、"莲花岛"景区、"明月岛"景区、"紫竹垂钓"景区和"江南竹韵"、"八宜轩"、"箫声醉月"、"缘话竹君"、"斑竹麓"、"竹深荷静"等十几个景点，引进竹子品种百余种，种植竹子达80万株，初步形成了以竹文化为主题的园林文化布局。

然而竹子的形态再美也无法单独成景，必须由园林创造者以多种材料，精巧的构图来表达园林语言，反映一定的文化内涵，同时赋予人文色彩以表达其内在的美。如公园的八宜轩景点，取意于四种时态竹景和关于竹子的诗、书、画、印竹文化的体现。八宜轩的立意构思是将传统竹文化写入竹景之中，形成"日出有清荫，月照有清影，风来有清声，雨来有清韵，露凝有清光，雪停有清趣"景观。在繁多的传统竹文化中，找出雨、雪、风、霜四季时态之竹景和诗、书、画、印四种文化表现形式，反映宜风、宜雨、宜霜、宜雪的造景主题，表现四季景色宜人，可诗、可书、可画、可印。八宜轩景区位于公园中山岛的莲桥和梅桥之间，南临一池荷塘，北有万竿修竹，主峰顶端有"揽翠亭"。置身于八宜轩，不仅可以欣赏到修竹森森的竹林景观，领略返朴归真的自然情趣，更能在富于浓厚竹文化气息的景观中陶冶审美情操，心灵得到净化。

紫竹院公园在造园手法中注重引诗词书画于园

林景观中，使园林的构成要素富于思想内涵和景观厚度，使景点在细微之处体现出竹文化的韵味，从而使园林获得了生命。如位于紫竹院公园筠石苑中部的翠池景区，翠池东面的框景石上，正面刻有苏东坡《於潜僧绿筠轩》诗："可使食无肉，不可使居无竹。无肉令人瘦，无竹令人俗。人瘦尚可肥，俗士不可医。旁人笑此言，似高还似痴。若对此君仍大嚼，世间哪有扬州鹤。"大文豪苏东坡爱竹成癖，留下了大量的咏竹诗作，在宋代的咏竹诗中颇具影响。此外，紫竹院公园还通过大量园题使竹文化的内涵得以展现，同时赋予园林景观更深层的意义。如公园北莲湖东侧的"菡萏亭"，为征集亭内楹联，公园聘请了多位著名学者进行商讨，最终选中了萧野先生的"竹本无心节外偏生枝叶，藕虽有孔胸中不染尘埃"这一幅，内容与环境相融一体，确有画龙点睛的效果。原本一座普通的桥亭，经过楹联的点缀，顿时产生出丰富的文化内容。

绿云轩四品石

紫竹院公园在景区建造过程中还非常重视石刻艺术在园林景观中的应用，采用多种表现形式体现竹文化内涵。如在翠池南岸设置了散点山石石刻，四块巨石上分别刻有"刚、柔、忠、义"四字，对应古人咏竹之诗赋："劲本坚节不受雪霜——刚也；绿叶萋萋翠筠浮浮——柔也；虚心而直无所隐蔽——忠也；不孤根以挺耸必相依以擢秀——义也。"紫竹院公园运用石刻这种表现形式和周围植物景观相配合，构建出很有特色的景点，让游客在辗转流连、沉思品味中获取更多竹文化知识，体味竹之品格。

总之，中华民族五千年历史长河中，竹与人民的生活息息相关，体现在物质文明和精神文明的诸多方面。竹对我国文学艺术、绘画艺术、工艺美术、音乐文化、园林艺术、宗教文化和民俗文化的发展，都有深刻的影响，竹子诗词、竹子绘画、竹编竹刻、竹制乐器都是竹文化的重要组成部分。竹在中华民族的生存和发展史上具有十分重要的地位，对创造和传承中国古代文明发挥了独特的作用，对陶冶人民的思想情操和民族气节产生了积极的影响。如今，紫竹院公园已将竹文化研究和竹文化建设紧密结合起来，把竹文化资源和旅游开发有机结合起来，形成了"十竹"的竹文化理念，即：知竹、爱竹、写竹、画竹、赏竹、听竹、食竹、用竹、品竹、颂竹。今后，紫竹院公园将继续深入挖掘竹文化内涵，努力打造特色竹文化品牌，使中国传统竹文化进一步发扬光大。

（作者系紫竹院公园党委办公室主任）

现今，随着人们生活水平的提高，大家谈论最多的就是旅游观光了。每逢四季好时节，人们要么寻觅近处郊游一日，要么趁着节假日远足一番。无论是品评景点，还是踏寻古迹，有一个地方却是一定会光顾到的，那就是厕所。随着社会的进步，城市的发展，公厕的形象也越来越重要，甚至代表着所在公园乃至所在城市的形象。

文/王 金　罗世敏

从厕所的变化看公园的发展

公园公厕接待的是方方面面的游客，他们在游览过程中对卫生间质量环境、设施条件、使用要求都不一样。公园是公共场所，人流密集时公厕的使用率极高，节假日客流量在高峰时往往需要排队等候。过去遇节假日厕所地面污水便溢，排污管道堵塞，给游人带来极大不便。紫竹院建园初期修建的厕所都极其简易，排污管道贯通男女厕所，冲水设施就是在男厕所墙上端放置一个铁板焊接的大水箱，人工注满自来水后利用水流压力冲走地坑内粪便。这样的厕所一到冬天，如果没有保温措施，结冰后打扫冲刷难度相当大。条件好一点的厕所也只是安装煤火炉保温，由保洁人员负责生火添煤。当时公园厕所条件之差由此可见一斑。

回忆90年北京筹备亚运会期间，正值北京的三代天，有位外国记者住在西苑饭店，来到紫竹院公园游览，公园精致而独特的竹石美景正是消暑避夏的好去处。可美好的印象在外国记者走进公厕后便荡然无存。当时公厕臭气熏天，蚊蝇大量孳生，室内散发着一股难闻气味，熏得人眼泪直流。外国记者匆忙逃离，内急难忍却仍坚持打车返回西苑饭店。记者回国后发表文章大肆报道中国公厕极为原始落后，告诫旅游者千万别到中国去，因为公园公厕让人难以忍受。

亚运会中这位外国记者的遭遇让作为东道主的我们脸上无光。对公厕的改造源自认识上的提高，而真正落实则离不开政府的重视和支持。如今，紫竹院公园公厕已达到国家质量监督2003年标准，实现了公厕的生态化，科技化，节能化和环保化。

从公厕的变化看公园的发展

2001年办公楼西侧厕所改建后全貌

2004年改造后儿童运动场综合用房一层设有厕所

纵观紫竹院公厕的变迁，都与时代的发展，公园的建设密不可分。20世纪80年代以前，公园的公共厕所设施不完善，大部分是排式蹲坑。80年代以后，公园逐步加大了对园内公厕的投资改造。1981~1991年间，公园共改建整修厕所7座，耗资近16万，在数量上基本满足了当时的游客需求。亚运会后，首都北京作为中国第一个承办综合性国际体育赛事的城市，对公共事业的建设再次迈上新台阶。市属公园公厕改造为卫生间正是代表首都精神文明建设和物质文明建设发展的一个重要宣传窗口。从1995年至今，紫竹院公园公厕经历了一个集中整顿期，这个时期新建厕所5所，翻建1所，扩建改造3所，达标改造3所，拆除1所。现紫竹院公园共有公厕11处，遍布全园，实现了500米左右即可找到洗手间。其中二星级公厕有10所，三星级公厕有1所。为迎接2008年的奥运会和残奥会，2007年又修缮了9所公厕，并在2009年又投资63万元完成了中水升级改造，日处理污水能力由原来的15吨增加到25吨，保证了厕所用水的需要，进一步增强了公园节能减排降耗功能。2010年又实现了免费提供卫生纸、洗手液、烘手机和老弱病残休息座椅等服务。

硬件设施的完善，提升了公厕服务于游客的能力。如今，紫竹院公园的厕所不仅内部条件实现了人性化，外部环境也实现了"艺术化"。为了与公园的环境相协调，厕所的方位也运用古典造园艺术手法，使之掩映在绿树浓荫之中，成为一个园林点景。以东门厕所为例，第一次改建是在1988年，正值筠石苑景区建成不久，为了迎接前来游览的游客，公园投资3.6万把60平米的地面换成水磨石和马赛克，墙面贴上了1.5米高的白瓷砖，再配上玻璃窗和暖气设施，盥洗盆、保洁用水池、冲洗粪便的自动冲洗装置一应俱全，装修水准堪比家庭卫生间！转眼到了20世纪90年代，1994年8月，公园对东门厕所再次翻建改造，增加了隔板、厕门，保障了个人隐私，添加了面镜、烘手器和方便老年游客的坐便器，实现了厕所向卫生间质的转变。同时增建了管理房，总建筑面积增至72平方米，作为二级收费公厕面世。在全园公厕收费近9年后，东门厕所于2002年回归到免费开放。时隔一年，在北京市政府的支持下，公园再次投资90万元对东门厕所改造。改造面积达到115平方米，节水设备选用远红外感应式龙头，大便器选用人性化的脚踏式开关，并且对特殊人群进行了专门的设计，残疾人专用卫生间、老年人专用座便器、儿童小便器、婴儿床等设备都要有尽有。这次改造同时考虑了厕所的外部装修，墙砖颜色、建筑样式与周边环境搭配协调等问题。改造后的厕所达到了三星标准。

至此，紫竹院公园厕所真正满足了游人的需求，实现了与时俱进。

（王金系紫竹院公园退休干部）
（罗世敏系紫竹院公园编写组组员）

文/白启芳

人在园中游
德在心中守

人在园中游 廉在心中守

紫竹院公园建园60年来,始终坚持文化建园方针,突出"以竹造景、以竹取胜"的特色,形成了"春风暖筱百花舒,夏霭轻舟翠盖浮,秋雨润芦枫叶艳,冬竹瑞雪映松竹"的景观,展现出深厚的园林文化底蕴。其中诸多景点融入了廉政文化的内涵,让游客在寓教于游、寓教于乐中接受廉政文化的熏陶。

绿云轩

缘话竹君

竹：　四季常青、有节、空心。
常青：充满生机和活力，生命力顽强；
有节：有气节；
空心：虚心　。

竹子具有"宁折不弯"和"中通外直"的特点，所谓"未出土时已有节，待到凌云更虚心。"看到竹，人们自然联想到它性质朴而淳厚、品清奇而典雅、形文静而怡然的性格，品味其不畏逆境，不惧艰辛，中通外直，宁折不屈的品格，这正是竹子特殊的审美价值所在。

竹的精神：千百年来，中华民族在长期生产实践和文化活动中，把竹子的生物形态特征总结升华成了一种做人的精神风貌，如虚心、气节等，被列入人格道德美的范畴，其内涵已形成中华民族品格、禀赋和美学精神的象征，成为历代文人志士追求的至高境界。可以说，竹文化在一定程度上已经对廉政文化作出了较为全面的诠释。

公园的东南角是"缘话竹君"景点，"缘话竹君"被刻在一块大石上，所描绘的是古代"伯夷、叔齐耻食周粟"的故事。周武王发兵灭掉商王朝后，天下归周，伯夷、叔齐身为商之旧臣，深感耻吃周粟，隐居首阳山中以采薇为食，并作歌一首："登彼西山兮，采其薇矣。以暴易暴兮，不知其非矣。神农、虞、夏忽焉没兮，我安适归矣？于嗟徂兮？命之衰矣！"用今天的话说就是："登上西山呀，采这里的薇菜。用强暴的手段改变强暴的局面，真不知道这样做是对的吗？神农、虞、夏这样的盛事已经没有了，我应该去哪里呢？真可叹哪，我的生命就要结束了！"秋去冬来，兄弟两人最后饿死在首阳山上。大石上这幅画描绘的就是兄弟二人在首阳山采薇为食时的情景。史记《伯夷列传》赞曰："岁寒，然后知松柏之后凋。举世混浊，清士乃见。"司马迁写《伯夷列传》，表彰节义之士，作为后世人们的气节楷模。书法篆刻大师王十川先生用篆印的形式把它刻在了石的正面。

友贤山馆

景石的背面是国学大师季羡林先生亲笔题写的"伯夷叔齐颂"："中华素称文化礼义之邦，其伦理道德范畴之排比成列者颇不稀见。其中以孝悌忠信礼义廉耻为最著，几家喻而户晓矣。窃以为孝悌忠信乃鲁文化之重心，而礼义廉耻则齐文化之精华。伯夷叔齐故事实能体现孝悌忠信之整体。时至今日，虽时移世迁，而其中蕴涵之根本精神仍能适用。孝悌固无论矣。忠者，昔时忠于君，今则忠于国，其间宁有牵强附会之处耶！"

"壬午之年九二老人季羡林先生为缘话竹君刻石撰文伯夷叔齐颂癸未中秋书司马光诗充作镌石之补刘国柱并记"

夷齐双骨已成尘
独有清名日月新
饿死沟中人不识
可怜今古几何人

"青莲岛"景区，位于大湖与南北小湖中间，由梅、莲、虹三桥与外面相连。莲桥西端的景石上刻有一方红色篆印为"画意天成"。岛的南端下是赏竹、评画的"八宜轩"，岛上最高点是"揽翠亭"，也是全园最高点，可饱览全园湖光山色。青莲与"清廉"谐音，人们以莲花比喻为官清正，一尘不染。

景点"八宜轩"，轩内镶嵌张泌咏竹佳句"凌霜尽节无人见，终日虚心待凤来，谁许风流添兴咏，自怜潇洒出尘埃。"诗句的大概意思是：竹子忍受着风霜的摧残，仍然矢志不移地保持高洁的操守，然而却没人去注意它，终年累月虚怀若谷……诗人意在以竹喻人。

在轩的西侧有竹韵景石，前刻雨雪风霜四幅竹画，"迎风弄月""凌霜节""挺雨雪独尚高洁虚心""贯四时不改柯易叶"（王镛制印）。

竹画生动艺术地表述出了竹子的品格与精神。

景点"友贤山馆"东南侧孤赏理石，刻有大画家郑板桥《竹石》中的题画诗：
> 咬定青山不放松，
> 立根原在破崖中。
> 千磨万击还坚劲，
> 任尔东南西北风。

诗中前两句"咬定青山不放松，立根原在破崖中"，将竹子人格化，青青的翠竹生长在青山上，它的根部牢牢地抓住青山，深深地扎在岩石的缝隙中。后两句"千磨万击还坚劲，任尔东西南北风"，写竹子的品格，经受了千万次磨难打击，它依然那样坚韧挺拔，任凭是东风西风，还是南风北风，都不能把它吹倒，不能让它屈服。这首诗，表面上是写竹子，赞美竹子顽强、坚定而又执著的品质，其实是写人，表现人的正直倔强性格，决不向任何邪恶势力低头的高傲风骨。品读郑板桥这首托物言志、寓意深刻的题画诗，对人们如何做人做事做官有着重要的启示和引导作用。

八宜轩

"绿云轩"是一处以竹石造景的景点。东面的框景石上，正面刻有苏东坡《於潜僧绿云轩》诗，"可使食无肉，不可使居无竹。无肉令人瘦，无竹令人俗。人瘦尚可肥，俗士不可医。旁人笑此言，似高还似痴。若对此君仍大嚼，世间哪有扬州鹤。"苏轼在"可使食无肉，不可使居无竹"中运用了晋朝王微之典故，王微之曾寄居空宅中，便令人种竹，人问其故，他一边吟咏一边指竹说："何可一日无此君"！这句话不仅表达了苏轼对前人的敬仰，也开门见山地说了自己的观点，追究精神享受比沉溺于物质享受更重要，也更有意义。"无肉令人瘦，无竹令人俗"更进一步说明了这样的道理：物质享受只是表面的东西，精神的享受却是内在的。"人瘦尚可肥，俗士不可医"则阐明了精神享受和物质享受的辩证关系：物质的享受只是瞬间的、刹那的，精神享受却是持续的、永恒的。人可以少吃一两顿饭，但是人不能堕落；人瘦可以变胖，而人堕落了呢？变坏容易变好难！由此可以看出作者已将世间万物看得那么透彻。在过去的封建社会中，实乃少见。真不愧是位闻名遐迩的诗人。"旁人笑此言，似高还似痴？"不仅写出了世人的鄙陋，更加证明苏轼的"众人皆醉我独醒"的心态。"若对此君仍大嚼，世间哪有扬州鹤？"说的是现在的世人又想种竹而得清高之名，又要面竹而大嚼甘味，人间怎么会有"腰缠十万贯，骑鹤上扬州"这等美事！这首诗可以说是对当时社会风气的一种批判，表达了与竹为伴可以去俗气，去邪念，涤人之脏肠，使人胸襟风度、品格趣味趋于高雅圣洁。诗人借题歌颂风雅高洁，批判物欲俗骨，写出了物质与精神、美德与美食在比较中的价值，赞赏松筠之节，提倡人要有高尚的情操与精神境界，对那种奴颜媚骨的俗士予以了鞭挞。

景点"翠池"南岸是一组置石，上面分别刻了尺方篆字—"刚""柔""忠""义"，称之为以竹喻人的"四品石"。"竹子比德"源于先秦时期流行的"君子比德"思想，以及在此基础上形成的"人化自然"哲学。孔子云："智者乐水，仁者乐山，智者动，仁者静"开比德之先河。人们把理想品格赋予大自然景物，即自然的人格化是造园的基本美学理念。竹子虚心、有节、坚韧、挺拔的自然属性特别适合人们的雅致情趣，人们将自身感情融入竹子。将竹子作为"清高、气节、坚贞"的象征，"四品石"就是体现这一情感的景点。其

人在园中游 廉在心中守

意为："劲本坚节，不受雪霜，刚也；绿叶萋萋，翠筠浮浮，柔也；虚心而直，无所隐蔽，忠也；不孤根以挺耸，必相依以擢秀，义也。"其文画龙点睛，提醒、引导游人去领悟竹子的优秀品格，深化了园林意境的内涵。

此外，公园内两个南北小湖共40亩，种植了"小莲座"、"红日"、"火花"、"红苔莲"、"案头春"、"红建莲"、"娃娃莲"、"碧莲"、"黄莲花"及荷中珍品"千瓣莲"等十几万株荷花，形成了"荷花渡"景区。荷花花叶清秀，花香四溢，沁人肺腑，有迎骄阳而不惧，出淤泥而不染的特性。因此荷花在人们心目中是真善美的化身，是圣洁的代表，更是佛教神圣净洁的象征。荷花出尘离染，纯洁无瑕，因而中国人都以荷花"出淤泥而不染，濯清涟而不妖"的高尚品质作为激励自己洁身自好的座右铭。

在景区"荷花渡"北小湖东堤的水闸上面建有一个四方形的亭子，它以荷花为名叫"菡萏亭"，其四根立柱上两幅抱柱景联："竹本无心节外偏生枝叶，藕虽有孔胸中不染尘埃。"这幅对联是著名的箫墅先生在公园欣赏荷花时的抒怀佳作。人们在观竹赏荷中，能够感受到竹子的刚正无私、高风亮节、守节不移、坚贞不渝的气节，同时感受到荷花清净高洁、出淤泥而不染的品质。以竹喻节，刚正不阿；以荷喻品，不染尘埃。

来紫竹院公园走一走、看一看、品一品，可以给自己心灵一个净化的空间，给自己情操一个陶冶的空间，从而倍加珍惜手中的权利，倍加珍惜良好的工作环境，倍加珍惜幸福的家庭，与此同时也会受到"既要勤政、更要廉政，工作上既要解放思想、敢闯敢试、奋勇开拓，廉洁上更要慎言慎行，洁身自好，守节如玉"的启迪与鞭策。

园中莲花

（作者系紫竹院公园纪委副书记）

紫竹院公园为自然式山水园林，多年来致力于以竹为主的园林建设，进入21世纪，公园在国际交流合作方面有了长足的进展。2003年，紫竹院公园与国际竹藤组织建立了联系。国际竹藤组织（International Network for Bamboo and Rattan, INBAR）于1997年成立，由中国、加拿大、孟加拉国、印度尼西亚、缅甸、尼泊尔、菲律宾、秘鲁和坦桑尼亚等9国共同发起而组建，总部设在北京，是第一个落户中国独立且非营利性政府间国际组织。INBAR通过竹藤利用的创新和示范，在全球相继开展了扶贫、环保、发展经济等项目活动，为全球可持续发展和南南合作做出了独特贡献。目前INBAR已成为一个国际发展组织、国际商品机构和南南合作的新平台，并与世界50多个国家的政府、私人和非营利机构建立了广泛的联系，形成了一个覆盖全球的网络。

文/范卓敏　宋宇

绿竹连五洲　竹韵传四海

——紫竹院公园与国际竹藤组织的交流与合作

　　紫竹院公园作为以竹为特色的历史名园，是竹藤组织参观游览的重要基地，每年都要不定期接待国际竹藤组织成员国的贵宾光临与交流。公园丰富的观赏竹种及以竹造景的竹景观成为吸引竹藤组织的亮点。很多成员国的来宾对公园以竹造景的风格和观赏竹种很感兴趣。2009年紫竹院公园与国际竹藤组织（INBAR）以及湖南大学合作在紫竹院公园内建造节能环保型现代竹结构建筑一处。该建筑上下两层，约100平米，主要构件均为竹材，实现了竹结构多层化。这个项目是国际竹藤组织在华实施的竹建筑示范项目之一，国际竹藤组织总干事古珍博士说："该建筑是一种新型的竹结构建筑，它展示了竹子将真正成为一种未来的建筑材料，不论贫富，不论在乡村和城市，热带或温带，皆可应用。"此项目得到美国布莱蒙基金资助，由长沙凯森竹木新技术有限公司设计建造，公园将它作为茶室供游人使用，让游客更多地了解竹材料在生活中的应用，并与公园的园林景观融为一体。

　　有一次贵宾们对公园景区内栽植的巴山木竹、金镶玉竹、花叶苦竹、箬竹等都逐一询问，详细了解这些竹种的特点、引种产地以及在公园的应用情况，并且频频拍照和留影，游览自始至终洋溢着欢笑和感慨。

　　这个项目也受到了很多成员国的关注。2009年8月31日国际竹藤组织（INBAR）成员国代表团40余人来公园参观考察"竹结构建筑示范房屋"项目，并且游览了公园，古珍博士向成员国代表团介绍了该项目的情况，并对竹结构建筑的整体和局部构造进行了考察。

　　2009年10月13日，紫竹院公园与国际竹藤组织共同举办节能环保型现代竹结构建筑启用仪式。国际竹藤组织董事会主席Tesfai Tecle博士、古珍博士及紫竹院公园领导出席了剪彩仪式。"竹结构建筑示范房屋"的启用吸引了更多的国外友人，2010年9月8日，古珍博士与3位印度客人一同来到公园参观竹结构建筑示范房，几位印度客人对竹结构建筑房屋很感兴趣，从多方位仔细查看询问，并当场决定回去拟建一座竹房，双方表示今

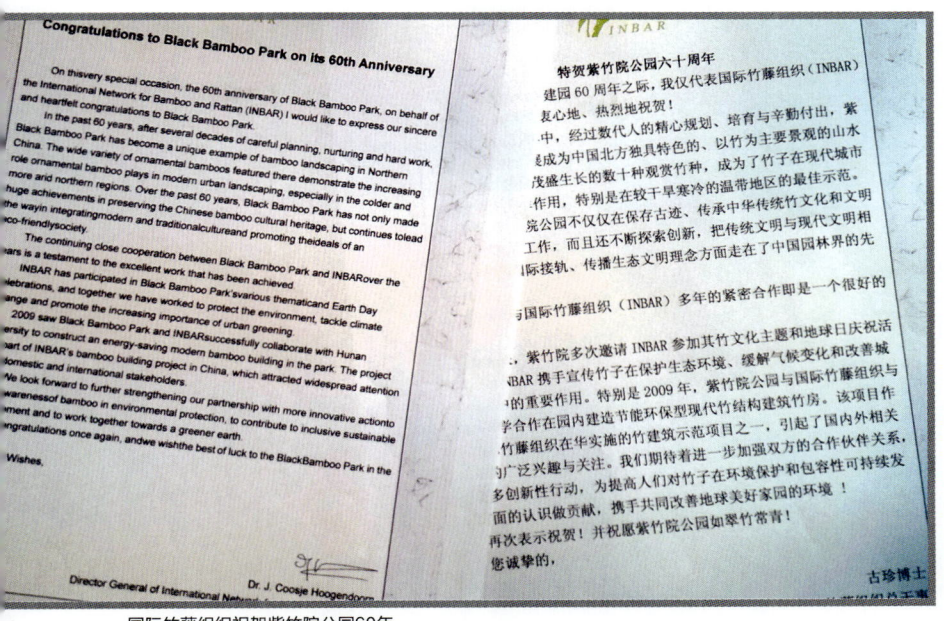

国际竹藤组织祝贺紫竹院公园60年

后加强交流共同为竹子开发和应用做出努力。

通过接待国际竹藤组织成员及外国友人，紫竹院公园传播了公园的历史与发展建设状况，扩大了公园的知名度。2011年9月，秘鲁农业部部长格尔莫·塞隆等一行10人来园参观，考察了主要观赏竹种、竹结构建筑示范房的使用等情况，他们对美丽竹子所带来的园林景观效果赞叹不已。2013年4月公园先后接待了剑桥大学和哥伦比亚大学教授一行8人，尼泊尔驻华大使马赫什·库马尔·马斯基博士一行5人，参观了2009年落成的竹结构建筑房屋——"茗缘阁"，并考察了竹建筑的构造和特点以及使用状况，同时对公园的建设及公园竹子的栽培历史等情况进行了了解。紫竹院公园优美的景色给他们留下了深刻的印象。

2011年4月22日的"地球日"，国际竹藤组织、国家林业局、国际竹藤网络中心及紫竹院公园共同举办了一次植竹活动。国际竹藤组织各成员国及潜在成员国的大使、参赞、古珍博士及国家林业局副局长印红等领导共计100余人，在紫竹院植下金镶玉竹、紫竹、罗汉竹等竹种100余株。如今这片竹苗已渐渐成林，成为具有纪念意义的竹种观赏景区。吸引人们来识竹、赏竹、吟竹、画竹。每到假期，爷爷奶奶或爸爸妈妈都要带着孩子到这里游览，学校的老师带学生来这里授课。夏季在景观雾喷的映射下，清新幽雅的特色观赏竹更是光彩夺目。

今年4月10日，紫竹院公园与国际竹藤组织、国际竹藤中心再次合作，在公园内开展了"植竹播绿共建美丽紫竹院"活动。公园领导和国际竹藤组织员工60余人共同栽植金镶玉竹700余株、矢竹100余丛。

为加强与国际竹子学术界的交流，应国际竹藤组织的邀请，2012年4月由北京市公园管理中心和紫竹院公园管理处组织代表团一行6人前往比利时安特卫普，参加了第九届世界竹子大会。来自37个国家的350余名代表出席了大会。竹子领域的专家学者在大会上做了学术报告，岳永德先生做了题为"中国竹价值链和价值链发展的重要性"主题报告，国际竹藤组织项目官员付金和博士做了"竹炭发展"的研究报告，并实地参观考察了荷兰郁金香花展和世界园艺博览会两个大型会展。

国际竹藤组织成立15周年之际，由国际竹藤组织、中国竹产业协会、中国生态文化协会联合主办，国际竹藤中心和北京紫竹院公园协办的"中国魅力竹乡"摄影竞赛作品展，于2012年10月26~11月2日在紫竹院公园举办。展出宣传了竹子在生态环境保护、生态休闲旅游、竹产业、竹文化、园林应用等方面的独特功能与价值。本次摄影展使游客大饱眼福，对

与竹藤组织合作建成的茗缘阁

竹子有了更深入的了解，受到了广大游客的好评，发挥了公园作为科普宣传阵地的作用。

2012年11月6日，国际竹藤组织成立15周年纪念大会在北京召开。紫竹院公园有关领导应邀出席了大会，并代表公园向大会展示了盆栽佛肚竹、菲白竹、鹅毛竹及黄条金刚竹等。

总之，竹子将紫竹院公园与国际竹藤组织紧紧地联系在一起，通过交流与合作，紫竹院公园在竹子的开发和园林应用上有了突破性进展，为公园的竹品牌建设更上一层楼发挥了重要作用。

（范卓敏系紫竹院公园高级工程师）
（宋宇紫系竹院公园园林科技科科长）

1994年首届竹文化节

文/黄苗苗 吴玉明 李美玲

竹荷文化三阶段

紫竹院公园素有"华北第一竹园"的美称。为了突出公园"以竹造景、以竹取胜"的建园理念，使公园的竹特色、民族竹文化长久地传承下去，丰富首都人民文化活动，紫竹院公园从1994-2013年成功地举办了20届竹文化节。回顾20年竹文化节发展的历程，大致有三个阶段：

文化探索，寻求新发展道路阶段： 1994年，在北京市政府支持下，紫竹院公园与中国民族文化城联合举办了北京首届竹文化节。对公园来说这是一次大胆的尝试，在经验不足、竹文化知识理解不够全面、竹文化修养不够深入的情况下，首届竹文化节圆满成功并给广大游客留下了深刻的印象。黎族演员表演了竹竿舞，傣、苗等少数民族演员进行了芦笙表演；竹编手工艺品展销和以竹为主的民族小吃，都让游客大开眼界，对竹子有了更深的认识，"宁可食无肉，不可居无竹"的诗句被更多的人所熟知。竹文化节的举办首次展示了中国竹文化，促进了国际间文化、经济的交往，也为公园以竹为营的道路奠定了基础。

通过首届竹文化节的尝试、第二届的独立摸索，经验的积累、展览内容的丰富，展品不断地推陈出新，1996年，第三届竹文化节隆重推出，并向游客展示了"和鸣图"巨屏折扇。扇面绘有"百鸟朝凤"图，采用竹雕三刻"阴阳浮"的手法，可立可收，展开后高3.4米，宽6米，面积是原该项目吉尼斯世界记录的2.5倍。1998年，紫竹院公园与中联国际文化发展有限公司举办了"北京第五届竹文化节暨大型中国剪纸艺术展"。剪纸是中国民间艺术之瑰宝，为了充分体现这一民族文化，在公园3/5的面积上展出了大型剪纸作品数百件。民族文化元素与竹文化的融合是第五届竹文化节上着力突出的亮点。

文化多元，不断创新阶段： 这一阶段，紫竹院进一步深化和丰富公园主题文化，加入新元素，增添新亮点，不断加强文化创新。2003年7月，第十届竹文化节开幕，时值盛夏时节，是华北竹子长势最佳时期，处处呈现出"雨洗娟娟秀，风吹片片香"的节日景象。此时节，也是公园内两湖荷花盛开之际，一派"接天莲叶无穷碧"的景致。撑篙赏荷湖中央，是2003年竹文化节上突出的亮点。为了能更好地呈现出翠竹环抱下映日荷花别样红的美景，满足游人赏荷观竹双重享受，从2004年起，以后的每届竹文化节，都融入了紫竹院公园的另一特色植物——荷花，竹文化节也更名为"竹荷文化展"。2006年，紫竹院公园成为市属公园中的唯一一家免票公园，竹荷文化展活动也向游客免费开放。2008年，第十五届竹荷文化展举办时间正值北京奥运会举办之际。这一年，在公园主要门区和主要景区布置了大型主题花坛，紧扣奥运主题，烘托奥运气氛，花卉布置规模为历年来最大。随着对竹文化内涵的不断深入挖掘和整理，公园已经逐步形成了富有自己品牌效应的文化活动。

文化品质提升，弘扬地区文化时期： 从2010年开始，紫竹院公园与紫竹院街道办事处联合举办了紫竹院地区首届民族文化节暨紫竹院公园第十七届竹荷文化展活动。2013年，"紫竹院地区第四届民族文化节暨第二十届竹荷文化展"活动，在世界唯一一支竹乐团演奏的悠扬乐声中拉开了序幕。紫竹院公园把文化建园与地区民族文化、核心区文化建设相融合，不断提升公园文化品质，逐渐形成了紫竹院地区"一园一品"的特色。

紫竹院公园竹荷文化节以"竹荷文化"为主线，通过立体花坛、大环境布置、竹制品的实物展示、民族文化表演、互动科普园地等形式从物质文明、精神文明两方面展现我国传统的竹荷文化，不仅满足了游客物质上的需要和精神上的享受，同时也提高了紫竹院公园的知名度和美誉度。2013年，紫竹院公园迎来了建园60周年，也迎来了"竹荷文化节"的第20个年头。竹荷文化节就像小小的名片，通过这个窗口走出紫竹院公园，把中国的竹荷文化传播到更远的地方，"千年风景，百年竹韵"将与紫竹院公园世代共存。

(黄苗苗系紫竹院公园编写组组员)
(吴玉明系紫竹院公园工会主席)
(李美玲系紫竹院公园副园长)

紫竹院竹文化节一览表

名称	时间	主要内容	主题	游人数（万）
北京首届竹文化节	1994年4月10日-5月10日，历时31天。	1. 竹乡特色民族演出："人人跳"民族舞、傣族孔雀舞、扎光舞、壮族竹竿舞、板鞋舞、苗族芦笙舞、白族"三道茶"、民族服饰表演、民乐丝竹演奏、中国武术等竹文化展及竹编工艺品展销。2. 竹文化历史展（3个展室）、竹类品种展、书画展、竹编工艺品等。		16
北京第二届竹文化节	1995年4月22日-5月22日，历时31天。	1. 竹文化展览：竹与科学技术、竹与社会物质文化生活、竹与人的精神生活和文学艺术。书刊、杂志竹文化诗词、歌赋221件，实物136，竹标本16件。2. 民族艺术表演：侗族歌舞、苗族歌舞、芦笙表演、苗族神功绝技表演、思州傩技表演。3. 戏竹娱乐活动：抬滑杆、爬竹竿、抖空竹、射箭狩猎、竹竿舞、扁担舞、竹筒舞、水车傣楼为背景的民族服装照像。	弘扬中国博大精深的竹文化，传播竹文化知识，丰富首都人民的文化生活，陶冶人们的情操，增强公园的知名度	19
北京第三届竹文化节	1996年4月12日-6月1日，历时31天。	1. 中国竹文化展览：竹与人类、竹与文化、竹与艺术、竹与精神等四个方面，展览面积350平方米，展品400余件，文字说明2000多字，照片50多张，绘画作品30多幅。2. 文艺演出：苗族芦笙歌舞表演队表演苗、白、傣、藏、彝、瓦等6个少数民族27个歌舞节目。	做一个高尚的人	18
北京第四届竹文化节	1997年4月25日-5月31日，历时37天。	1. 中国竹文化发展史展览：文字约6000字，照片120余幅、实物100余件。2. 文艺演出：竹服饰服装表演、芦笙表演、瑶族歌舞表演、群众卡拉OK活动。	弘扬民族文化，振奋民族精神	20
北京第五届竹文化节暨大型中国剪纸艺术展	1998年8月28日-10月11日，历时47天。	1. 竹文化展：50余幅有关竹习性的自然知识图片和80余幅"竹韵风光"摄影展览图片。2. 具有民间绝技的传统文化——中国剪纸艺术展：大型作品数百件，小型作品近千件，展览长度达1.3km，其中，在筠石苑景区展览了一道长60m，高2.3m的巨型剪纸"清明上河图"。	中国民间艺术之瑰宝——剪纸	15
北京第六届竹文化节	1999年4月24日-6月1日，历时37天。	1. 竹的自然知识和竹文化发展史展览、咏诵竹子书画作品展、竹知识科普展、历代咏竹诗文。2. 文艺演出：文化部艺术人才中心艺术团来园演出，内容分成几个专题，如歌舞专场、京剧专场、杂技专场、民族器乐专场、少儿歌舞专场等；解放军军乐团也前来助兴，演出了一场爵士乐专场；著名京剧艺术家高玉倩老人即兴登台演唱了《红灯记》的唱段。	迎接建国50周年和澳门回归 弘扬竹文化和民族文化 贯彻文化建园的宗旨	20
北京第七届竹文化节	2000年4月22日-6月1日，历时41天。	1. 竹文化及名族文化展览：著名书画家艾庆芸、刘魁武咏诵竹子的书画展、公园文化建园图片展、四川"中国竹艺城"的陈云华先生举办"青神竹艺展"（展出了竹编精品《清明上河图》、《百帝图》等）。2. 文化活动：与福建省南平市樟湖乐园合作在"筠石苑"开展"竹乡彩艺"造型艺术展示活动，展出了伞艺、灯艺、风筝、风车等艺术造型30个。3. 文艺演出：在中心大舞台举办群众文艺演出30场。	弘扬我国渊远流长的竹文化和广博的民族传统文化为内容，贯彻文化建园的宗旨	25
紫竹院公园第八届竹文化节	2001年7月20日-8月31日，历时42天。	1. 竹文化展览：竹品种标本及图片，竹工艺品、竹制文物珍藏品、竹服饰装饰品、竹文化图书、画册等。"竹文化节咏竹书画展"、故宫珍藏历代咏竹书画图片展。2. 文艺演出：邀请北京"绿色竹乐团"竹乐器演奏。	大力弘扬健康向上、品味高雅的竹文化	14
紫竹院公园第九届竹文化节	2002年4月20日-6月2日，历时44天。	文化活动：1."荷花渡"撑篙赏荷。2. 生物多样性知识宣传。3. 咏竹书画邀请展竹市商贸活动。4. 鱼鹰捕鱼表演。	以文化建园的方针为宗旨，深入挖掘和丰富公园的主题文化	22

名 称	时 间	主要内容	主 题	游人数(万)
紫竹院公园第十届竹文化节	2003年7月19日-8月10日，历时23天。	推出：1."点击竹园"（电脑触摸屏）。2.文化活动：悠悠荷花渡（品竹与赏荷并举）；激情互动齐参与（大众演唱、竹园摄影展、竹书画绘画展）；搭建舞台（周末演出）。3.委托邮局发行建园50周年暨第十届竹文化活动纪念邮票500套。	阳光 祥和 品竹 休闲	24
紫竹院公园第十一届竹文化暨荷花展	2004年7月10日-8月20日，历时42天。	1.观竹荷之美景：80个竹品种，30余亩荷花，花坛等。赏荷花之文化：百米长卷竹丝画展（《西游记》竹丝画）、竹荷文化知识课堂、笔会、诗廊、竹知识科普、竹文化回顾展。2.戏竹荷之乐趣：威风锣鼓、撑篙赏荷、戏竹活动、制作竹纪念品（竹画、竹诗、竹扇）。	赏竹荷之美景，品竹荷之文化食竹荷之美味，戏竹荷之乐趣	47
紫竹院公园第十二届竹荷文化展	2005年7月9日-8月28日，历时51天。	1.竹知识文化展：布置仿竹简20个，上用不同字体刻印历代著名作家经典咏竹诗词；2.环境布置：竹刻浮雕"老成都"、"西游记"、"三国演义"。	清凉蜀风	70
第十三届迎奥运北京园林绿化美化成果展示会	2006年8月3日-8月20日，历时20天。	1.开展奥运花卉评选及摄影展活动。2.在文化广场内举办多项迎奥运激情趣味活动。3.在长河东侧设100米竹制廊，展示奥运历史知识和中国奥运健儿的辉煌。4.在跨海东征景区设棋类比赛区。	为奥运献鲜花、为北京添光彩	58
紫竹院公园第十四届竹荷文化展	2007年7月30日-8月26日，历时28天。	1.文化知识展：竹品种展示区：19块展板、竹盆景花卉展卖区、解说牌；荷花品种展示区、摆放盆栽荷花；奥运知识；竹文化展示：竹简书卷40块、竹科普廊展；迎奥运书画展；《绿色课堂》科普活动。2.商贸：特色旅游纪念品、竹荷特色菜肴；3.大型竹工艺品展示：《京城历史名园迎奥运》、《老北京胡同》、《九龙壁》、《红楼梦十二钗》。	竹荷风情迎奥运	72
紫竹院公园第十五届竹荷文化展	2008年8月1日-8月28日，历时28天。	1.百米奥运文化展廊：公园在小东门往西长河东侧，设10米竹制展廊，展示奥运历史知识和中国奥运健儿的辉煌。2.庆奥运激情广场：晨练团体每周六、日在广场内开展民族风情歌舞表演及群众喜闻乐见的戏竹活动。3.为普及生物多样性的科学知识，宣传人与自然和谐共生的生态理念，举办"植物标本制作"、"竹子科普知识展"、"我是植物小画家"绘画比赛。	五洲欢歌'竹'福奥运	53
紫竹院公园第十六届竹荷文化展	2009年8月1日-8月28日，历时28天。	1."绿色课堂"系列科普宣传活动。2.举行插花艺术讲座；工艺品、土特产展卖。	祝福祖国，和谐盛世	67
紫竹院地区首届民族文化节暨紫竹院公园第十七届竹荷文化展	2010年7月26日-8月29日，历时35天。	在竹荷文化展期间融入了"北京市公园节"群众文化活动之舞蹈大赛。	凝聚民族文化，展现竹荷风采	90
紫竹院地区第二届民族文化节暨紫竹院公园第十八届竹荷文化展	2011年7月26日-8月30日，历时36天。	1.北门内广场为民间手工艺品展销区；健身辅导及文体演出。2.公园东门至小南门，竹品种展示区。3.文化科普大讲堂。4.民族电影展活动。	凝聚民族文化，弘扬竹荷精神展示魅力紫竹，共创和谐家园	85
紫竹院地区第三届民族文化节暨紫竹院公园第十九届竹荷文化展	2012年7月18日-8月28日，历时42天。	1.品种竹知识讲座、插花艺术讲座、科学大讲堂、文艺演出、群众汇演、工艺品展卖等精品项目。2.东门广场内付氏天桥宝三艺术团的中幡表演	魅力紫竹，共享和谐	103
紫竹院地区第四届民族文化节暨紫竹院公园第二十届竹荷文化展	2013年7月18日-8月18日，历时32天。	1.竹乐团演奏。2.计生知识展板展示区。3.廉政文化展示区。4.民族文化、竹艺及农副产品展销会。	多彩紫竹，放飞梦想	106